MW01155186

MÉTODO DE ESPAÑOL PARA EXTRANJEROS

PRISMA

LATINOAMERICANO

PROGRESA

LIBRO DE EJERCICIOS

María Ángeles Buendía Perni

María Bueno Olivares

Rosa María Lucha Cuadros

© Editorial Edinumen
© María Ángeles Buendía Perni, María Bueno Olivares y Rosa María Lucha Cuadros

ISBN: 978-84-9848-106-8
Depósito Legal: M-3124-2010
Impreso en España
Printed in Spain

Coordinación pedagógica:
María José Gelabert

Coordinación editorial:
Mar Menéndez

Edición:
David Isa y Nazaret Puente

Adaptación versión Latinoamérica:
Elizabeth Reyes (coord.), Isabel Jazmín, Ma. de las Mercedes Cárdenas, Víctor Alfredo
Valdivia, Mariana Rochín, Universidad de Guadalajara
Luis Navarro, Instituto Tecnológico de Monterrey
Martha M. Martínez, Máster Universidad A. Nebrija

Diseño de cubierta:
Juan V. Camuñas y Juanjo López

Diseño y maquetación:
Opción K, Juanjo López y Sara Serrano

Editorial Edinumen
José Celestino Mutis, 4. 28028 - Madrid
Teléfono: 91 308 51 42
Fax: 91 319 93 09
e-mail: edinumen@edinumen.es
www.edinumen.es

Reservados todos los derechos. No está permitida la reproducción parcial o total de este libro, ni su tratamiento
informático, ni transmitir de ninguna forma parte alguna de esta publicación por cualquier medio mecánico,
electrónico, por fotocopia, grabación, etc., sin el permiso previo y por escrito de los titulares del copyright.

ÍNDICE

1.1. Lee el siguiente texto y escribe los verbos en presente.

Treintañeros y no quieren salir de casa

Entre los jóvenes maduros la idea de independizarse de sus padres (perder) .... poder de seducción. La comodidad del hogar y la incertidumbre económica (hacer) .... que los treintones acoplen su vida al lado de sus papás. También (acotar) .... su círculo de acción a un rincón cada vez más pequeño de vivienda. La permanencia en casa de los treintones no (ser) .... un fenómeno mexicano. En Estados Unidos cerca de 18 millones de adultos entre los 18 y 34 años de edad (vivir) .... con sus padres, según datos del 2000 de la Oficina del Censo de EE. UU.

En México, la encuesta del IMJ (revelar) .... que 50,7% de los jóvenes no (pensar) .... en salir de la casa paterna porque (sentirse) .... a gusto con sus papás. Mientras que 36,7% que (salir) .... del hogar paterno (regresar) .... a vivir de nueva cuenta por: la terminación del período de estudios o trabajo, seguidos por el divorcio o la separación de pareja, la imposibilidad de mantenerse económicamente o por sentirse solos.

Los jóvenes que (estar) .... terminando licenciatura (buscar) .... trabajo y al no encontrarlo (regresar) .... a la escuela, primero a titularse, después (hacer) .... maestría y (volver) .... a intentar emplearse, pero este es el proceso de transición más perverso porque (arrojar) .... jóvenes de clase media y alta que nunca han trabajado. Entonces al no tener opciones para independizarse no les (quedar) .... otra más que aguantarse y seguir con la familia, tal vez con menos restricciones que un adolescente.

Los especialistas (coincidir) .... en que el período de juventud (extenderse) .... Liz Basáñez, terapeuta, (pensar) .... que (tratarse) .... de un síndrome de Peter Pan, es decir, los jóvenes (vivir) .... un proceso de adolescencia tardía y (negarse) .... a crecer. Mientras que para Antonio Islas, investigador social, la juventud (terminar) .... hasta los 35 años. Ahora (ver, tú) .... a un joven de 30 ó 35 años que (comportarse) .... como adolescente tardío que (seguir) .... en fiestas, no (tener) .... hijos y no (casarse) .... y (seguir) .... viviendo con su familia. Los papás (adaptarse) .... a vivir con treintones, (aprender) .... a convivir con sus "adultescentes" porque, a pesar de todas las broncas, en la única institución que (seguirse) .... confiando en México es en la familia.

(Adaptado de *El Universal*)

1.2. Clasifica los verbos del texto y también los del recuadro en la tabla que tienes a continuación.

> tomar • venir • permanecer • haber • construir • traducir • saber
> poner • manejar • dormir • morir • corregir • crecer • sentarse

VERBOS REGULARES	IRREGULARIDADES VOCÁLICAS			
	e > ie	o > ue	e > i	u > ue
vivir	sentirse	poder	pedir	jugar

OTROS VERBOS IRREGULARES

Haber, permanecer ....
....
....

(Ver apéndice gramatical)

1.3. **Completa el texto con los verbos del recuadro en la forma correcta.**

> respetar • encontrarse • ganar • satisfacer • afectar • tener • solucionar • compartir
> usar • decir • lograr • pensar • enriquecerse • hacer • enfrentar • gastar

Entre las necesidades más básicas de la vida diaria ....se encuentran.... la vivienda y el empleo.
Sin embargo, nuestro desarrollo físico, emocional y espiritual, va más allá de ....
nuestras necesidades primarias. También es importante .... el apoyo de nuestros amigos, familia, vecinos y compañeros de trabajo. Para .... la armonía en
nuestras relaciones, es esencial .... las cosas que tenemos en común y las que
nos .... diferentes de otras personas. La diversidad en que vivimos es evidente
en nuestra cultura, edad, religión, raza, orientación sexual, así como en nuestro idioma y estilo de
vida. Cuando .... con otros nuestra individualidad y juntos trabajamos por el
bien de la familia y de la comunidad, nuestras vidas ....

Los adolescentes de hoy viven en una época llena de oportunidades. Mientras nos
.... a los retos de la escuela, de nuestras relaciones y de la vida, también
.... en nuestro futuro. Es fácil sentirnos desanimados. Las divisiones que existen a causa de la raza, sexo, discapacidad u orientación sexual nos .... a todos.
A veces no sabemos qué hacer para .... los problemas de la violencia, las dro-
gas y la discriminación.

Muchas veces .... más de lo que .... En esta sociedad de
consumidores, los anuncios nos .... que debemos comprar, comprar y comprar. Es fácil gastar dinero de una manera irracional, pero con práctica podemos cambiar la forma
en que .... nuestro dinero.

(Adaptado de *La Guía del Bienestar*, UC Berkeley)

1.4. **Escribe el verbo correctamente: ¿pretérito o copretérito?**

1. Ana (estar) .... en la oficina cuando Jorge Luis (llegar) ....

2. Hace tres años mi novio y yo (ir) .... a México, todos los días (visitar) .... lugares interesantes.

3. Frecuentemente Fernando (tener) .... problemas con su jefe, por eso
   (tener) .... que renunciar el mes pasado.

4. Cuando (tener, yo) .... quince años, (conocer) .... al
   amor de mi vida.

5. (Querer, yo) .... ir al centro, pero (escuchar) ....
   que (haber) .... una manifestación.

6. En 1992 (haber) .... en Venezuela un intento de golpe de Estado.

7. (Pensar,yo) .... comprar un carro a pagos, pero nunca (pensar)
   .... que los intereses (ser) .... tan altos.

8. (Ir, nosotros) .... a Nayarit cuando la llanta (poncharse) ....

9. A menudo Andrés y yo (platicar) .... sobre diversos temas. Ayer (hacer) .... una piñata para la posada y (poner) .... los aguinaldos en las canastas.

10. Siempre (tener, él) .... problemas con las matemáticas; el año pasado (reprobar) .... el examen y ayer por fin (lograr) .... obtener un buena calificación.

1.5. Clasifica los conectores del ejercicio anterior en estas dos tablas.

PRETÉRITO	COPRETÉRITO
.................Hace tres años.................	.................Todos los días.................
....	....
....	....
....	....
....	....
....	....
....	....

Clasifica también estos marcadores.

> nunca • el jueves • ese día • en Navidad • aquella primavera
> ese año • hace dos horas • el día 14

1.6. Elige la forma correcta: ¿copretérito o pretérito?

Sucedió/sucedía a la entrada del pueblo de Ollantaytambo, cerca de Cuzco. Yo me despedí/despedía de un grupo de turistas y estuve/estaba solo, mirando las ruinas de piedra, cuando un niño de allí, delgado y sucio, se acercaba/se acercó y me pidió/pedía mi lapicero. Yo no pude/podía regalarle mi lapicero, porque lo estaba/estuve usando para escribir unas aburridas anotaciones, pero le ofrecí/ofrecía dibujarle un cerdito en la mano.

Rápidamente yo me encontré/encontraba rodeado de niños que exigieron/exigían, gritando, dibujos de animales en sus pequeñas y sucias manos. Algunos quisieron/querían un cóndor, otros preferían/prefirieron loros o lechuzas y otros pedían/pidieron un fantasma o un dragón.

Y entonces un niño muy pequeño y solo me enseñaba/enseñó un reloj dibujado en su muñeca.

–"Me lo enviaba/envió mi tío, que vive en Lima" –dijo/decía.

–"Y ¿funciona bien?" –le pregunté/preguntaba yo.

–"Atrasa un poco" –respondió/respondía.

(Adaptado de *El libro de los abrazos* de Eduardo Galeano)

1.7. Si quieres saber algo más sobre algunos de los grandes inventos de la humanidad, completa el ejercicio con las formas correctas del pretérito o el copretérito y tendrás la solución.

La imprenta (S. XV). Johann Gutenberg, el alemán que (inventar) .... la imprenta de tipos metálicos móviles, (ignorar) .... que en China ese mecanismo (existir) .... ya desde 1040. Nadie lo (saber) .... en Europa. Se trata de dos inventos paralelos y casi exactos, pero separados por 400 años y varios miles de kilómetros de distancia.

El primer libro impreso por Gutenberg (aparecer) .... en 1455: una biblia, pero (ser) .... causa de su ruina. Gutenberg (tener) ....

que ceder su negocio a sus acreedores y (desaparecer) .... de la historia, entre otras razones porque no (tomar) .... la precaución de dejar su nombre impreso en sus libros. La imprenta (esparcirse) .... por Europa, y enseguida (acabar) .... con el monopolio eclesiástico de la palabra escrita y con el latín como idioma único de cultura; (acelerar) .... la llegada del Renacimiento y (apresurar) .... las revoluciones política, industrial y económica. Además, (posibilitar) .... la explosión protestante, al poner en manos del pueblo libros de todo tipo a precios más o menos asequibles y en idiomas más accesibles para el hombre de la calle que el latín.

La pólvora (S. IX). La pólvora se (inventar) .... en China en el siglo IX. A comienzos del XII, los chinos (usar) .... armas de fuego para defenderse de los tártaros, y con ellas (conquistar) .... el norte de China durante los dos siglos siguientes. La pólvora (llegar) .... a Europa en 1324, y, según cierta leyenda, (ser) .... un monje peregrino quien comunicó la receta (carbón vegetal, azufre y salitre) al abad de un monasterio donde (dormir) .... una noche. Más tarde se (saber) .... que aquel peregrino (ser) .... el demonio. La pólvora (empezar) .... a usarse en Europa , y (dar) .... tanta fuerza a los reyes, únicos con dinero para fabricarse armas, que el poder de la aristocracia feudal (disolverse) .... muy pronto en la semi-nada.

El arte de comer fuera de casa (1120). Según la tradición europea, los primeros restaurantes (surgir) .... en París a consecuencia de la Revolución Francesa. Los cocineros de los nobles guillotinados los (poner) .... para tener trabajo. La tradición asiática dice que (ser) .... en la ciudad china de Kaifeng en 1120. Con un millón de habitantes, (ser) .... la capital del país. El burócrata Men Yuan-Lao (escribir) .... en su diario que en Kaifeng (empezar) .... a surgir de pronto auténticos restaurantes: con menús, jefe de cocina, maître y camareros, y una exigente clientela, que (quejarse) .... al menor fallo. "Y el maître (despedir) .... al cocinero culpable o, cuando menos, lo (dejar) .... ese día a medio sueldo", escribe Men Yuan-Lao.

Ambas teorías son compatibles: la europea se refiere a los primeros restaurantes de Europa; la asiática a los primeros del mundo. Y una cosa queda fuera de duda: Men Yuan-Lao es el primer crítico gastronómico del mundo. Antes no (haber) .... restaurantes, solo cocinas que (dar) .... lo que (haber) .... ese día sin opción a queja o elogio.

(Adaptado de www.el-mundo.es/larevista)

1.8. Escribe el verbo en el tiempo correcto del pasado.

1. ▷ Ayer, mientras (estar, yo) .... viendo la televisión, me (llamar) .... mi mamá y no (poder) .... ver el final de la película. ¿Sabes tú cómo (terminar) ....?

▶ Al final la policía (descubrir) .... quién (ser) .... el asesino y la chava (casarse) .... con el detective.

2. ▷ ¿Sabes por qué no (venir) .... Marisa últimamente?

▶ No estoy seguro, pero (oír, yo) .... que ayer (comer) .... algo en mal estado.

3. ▷ Cuando yo (vivir) .... en Jalcomulco, Veracruz, me (gustar) .... pasear por la orilla del río Pescados. La vegetación (reflejarse) .... en el agua y una parte de esa región (oler) .... al perfume de los plantíos del café.

► ¿(Vivir, tú) .... mucho tiempo allí?

▷ (Estar) .... allí durante 10 años.

4. Antes (soler, yo) .... practicar deportes de riesgo: (hacer) .... tirolesa, rafting, etc. Me (gustar) .... mucho. Pero desde que (tener) .... el accidente y (romperse) .... la pierna no vuelvo a hacerlo.

5. ▷ ¿Qué te (parecer) .... la exposición que te (recomendar, yo) .... la semana pasada?

► Pues al principio (pensar, yo) .... que (estar) .... bien, pero después de ver muchos cuadros, (sentirse) .... un poco decepcionado porque no (conseguir) .... entender qué (querer) .... expresar el artista. La verdad es que no me (gustar) .... mucho.

1.9. **El ayer de… ¿Quieres saber algo sobre el pasado y el presente de algunas famosas modelos? Escribe los verbos en una forma correcta del pasado y tendrás la respuesta.**

Claudia Schiffer

En octubre de 1987 la joven Claudia Schiffer (encontrarse) .... bailando en una discoteca de Dusseldorf, Alemania, cuando el cazatalentos Michel Levaton, director de la agencia Metropolitan, le (sugerir) .... trabajar en el mundo de la moda. Ella (aceptar) .... su invitación y (viajar) .... a París, ciudad en la que (iniciar) .... su ascenso hasta el universo de las 'top models'.

A sus 39 años, todavía Claudia Schiffer sigue conservando el atractivo que siempre la (caracterizar) .... y que (marcar) .... un canon de belleza durante la década de los 90. Actualmente, sigue trabajando como modelo, aunque no con tanta frecuencia como antaño. De hecho, su principal ocupación son sus hijos, Caspar Matthew, que (nacer) .... el 30 de enero de 2003 y Clementine, el 11 de noviembre de 2004.

(Adaptado de la revista *Hola*)

Cindy Crawford

Antes de convertirse en una mega modelo, Cindy (querer) .... ser ingeniero químico y (tener) .... unas notas excelentes en sus estudios de secundaria. Luego (asistir) .... a la Northwestern University durante un semestre.

La historia de Cindy Crawford es la típica historia de telenovela, la muchacha pobre que un día (conseguir) .... la fama y (hacerse) .... rica, bueno casi; no (ser) .... realmente pobre, pero no (tener) .... el suficiente nivel financiero ni social. Ahora, irónicamente, es una de las supermodelos más reconocidas y mejor pagadas. Cindy (ser) .... la imagen de Pepsi por un tiempo: sus anuncios (introducir) .... la nueva imagen de Pepsi y la campaña publicitaria (ser) .... la mejor del año 1991.

(Adaptado de la revista *Hola*)

Jaqueline de la Vega

Jaqueline de la Vega (ser) .... tan solo una adolescente cuando (modelar) .... en todos los desfiles importantes en los 80. Desde ese momento esta bellísima morelense (alcanzar) .... la fama no solo en México, sino también en el extranjero. Uno de sus mayores triunfos (ser) .... convertirse en una de las modelos a escala internacional.

Sin embargo, el mundo de la moda no solo le (proporcionar) .... triunfos profesionales. En el ámbito personal, también le (traer) .... grandes alegrías; (ser) .... entre desfile y desfile cuando (encontrar) .... al amor de su vida, el empresario Cris Lozano, con el que (compartir) .... casi 15 años de su vida. Su actual pareja es el vasco Josu Fernández. Su nueva relación tampoco (significar) .... un inconveniente para seguir trabajando dentro y fuera de España, especialmente en China donde está diseñando una línea textil y otra de accesorios.

(Adaptado de *Frontera.info*)

1.10. Completa la tabla de los verbos regulares en pospretérito.

	Hablar	Beber	Escribir
Yo	hablaría	....	....
Tú	....	....	escribirías
Él/ella/usted	....	....	....
Nosotros/as	....	beberíamos	....
Ellos/ellas/ustedes	....	beberían	....

(Ver apéndice gramatical)

1.11 En el siguiente recuadro hay diferentes verbos, pero solo algunos son irregulares en pospretérito. Encuéntralos y completa con ellos las frases.

> valer • ponerse • salir • comprar • poder • buscar • decir • saber • ir •
> dormir • hacer • soñar • caber • venir • preguntar • haber • temer • tener
> • sacar • caer • querer • romper • morir • leer • separar • sentir

1. Yo que tú no .... ese suéter, hace demasiado calor.

2. (Tú) .... que hablar con él antes de tomar una decisión.

3. Yo nunca .... con una persona como él.

4. ¿(Ustedes) .... decirme cuál es la capital de Colombia?

5. Nosotros, en tu lugar, le .... la verdad.

6. Buenos días, (yo) .... un billete de ida y vuelta para Bogotá.

7. ▷ No sé si ir de vacaciones a la playa o hacer turismo rural. ¿Qué ....
tú en mi lugar?

▶ Pues, sinceramente, yo no .... qué hacer.

8. ¿Crees que .... esta cama en nuestro dormitorio?

9. Yo, en su lugar, ... a mi fiesta disfrazado de payaso.

10. Aquí .... que poner una señal de tráfico.

11. ¿Cuánto .... pasar un fin de semana en un hotel de cinco estrellas?

1.12. **Lee los siguientes problemas y relaciónalos con sus soluciones.**

1. Mañana tengo un examen muy importante, pero me robaron la mochila con todos mis libros y apuntes.

A. Hablar con tu jefe, exigir lo que crees que te corresponde y, si no funciona, cambiar de trabajo.

2. Mi mejor amigo me prestó su camisa favorita y la manché de vino tinto.

B. Pagar la tintorería y regalarle bombones.

3. El mejor amigo de mi novio está enamorado de mí. Mi novio no sabe nada y yo no quiero que terminen su amistad.

C. Ir a estudiar con un compañero.

4. Tengo 19 años y estoy enamorado de una mujer de 30, queremos casarnos, pero mi familia se opone. Además, voy a empezar mis estudios universitarios.

D. Cambiar la cerradura de su casa y así no podrá entrar. Hacerle la vida imposible.

5. Tenemos una hija de 35 años que todavía vive con nosotros. Tiene un buen trabajo y un departamento propio, pero no quiere independizarse. Estamos hartos.

E. Hablar seriamente con el amigo.

6. Hace 3 años que trabajo en la misma empresa. Soy un buen trabajador, responsable, ordenado y me gusta mi trabajo. Pero mi jefe no me valora, no me da responsabilidades y no me sube el salario.

F. Seguir con los estudios y con la relación, pero sin casarse.

1	2	3	4	5	6
☐	☐	☐	☐	☐	☐

1.13. **Redacta los consejos utilizando las estructuras necesarias: "yo en tu lugar", "deberías", "yo que tú", etc.**

1. Tendrías que ir a estudiar con un compañero.

2. ....

3. ....

4. ....

5. ....

6. ....

1.14. Lee el texto y contesta verdadero (V) o falso (F).

Banco Mundial entrega apoyos a jóvenes mexicanos

CIUDAD DE MÉXICO, marzo 2005.

Jóvenes mexicanos consideran que es posible combatir la pobreza a través del desarrollo. Ellos ponen el ejemplo: por medio de actos circenses, difunden estos mensajes.

"Pretendemos utilizar las artes del circo y del video, como una forma de tomar la voz de la comunidad a partir de los jóvenes, transformarla a un lenguaje más común, más atractivo para todo público, con la idea de que se sepa de los programas de desarrollo que se están haciendo y de los que no se están haciendo", comentó Juan Carlos Hernández, director de "Manchicuepa", un circo social.

Hoy se celebró en esta ciudad, la primera feria "Jóvenes por un México sin pobreza", a la que llegaron más de 500 propuestas relacionadas con el medio ambiente, vigilancia ciudadana y política pública, entre otros.

El Banco Mundial otorgó 6 apoyos de 205 000 pesos a los mejores proyectos.

"Todas estas ferias van enfocadas a la pobreza y deben tener innovación. Para decidir quién recibirá el apoyo, nosotros valoramos las ideas que tiene la gente en esos proyectos chiquitos que necesitan ayuda, tenemos 200 000 dólares para los ganadores y también asistencia técnica", mencionó Susana Guerrero, directora del Banco Mundial para México y Colombia.

La funcionaria del Banco Mundial considera que aunque falta mucho por hacer, México ha avanzado en el combate a la pobreza.

"Hay bastantes progresos de programas de gobierno que pueden expandirse, México está bastante bien comparado con otros países", añadió Susana Guerrero.

Este año el Banco Mundial destinará unos 1,8 millones de pesos para mejorar aspectos relacionados con competitividad, pobreza, calidad de la educación y manejo del agua.

(Adaptado de: http://www.esmas.com/noticierostelevisa/mexico/432722.html)

	verdadero	falso
1. Los jóvenes utilizan el circo y el video para protestar contra las injusticias cometidas por el gobierno.	☐	☐
2. La feria "Jóvenes por un México sin pobreza" se llevó a cabo en la Ciudad de México.	☐	☐
3. El Banco de México otorgó apoyos financieros a los mejores proyectos de la feria.	☐	☐
4. El Banco Mundial apoya principalmente a los proyectos grandes.	☐	☐
5. Susana Guerrero piensa que México ha avanzado en el combate contra la pobreza.	☐	☐
6. Se invertirán casi dos millones de pesos para mejorar la calidad de la educación, el manejo del agua y para combatir la pobreza, entre otras cosas.	☐	☐

¿Aprendiste palabras nuevas? ¡Escríbelas!

....

....

....

....

....

....

....

Unidad 2

2.1. Completa las frases con el antecopretérito.

1. Estoy leyendo *El Quijote,* pero ya lo (leer) .... antes.

2. ¡Qué isla tan bonita! Nunca, hasta ahora, (estar, yo) .... en un lugar así.

3. Cuando llegamos a la fiesta, los invitados ya (marcharse) ....

4. No sabía que Martha y Luis (volver) .... de sus vacaciones.

5. Cuando el tren salió de la estación todavía no (amanecer) ....

6. Nunca (visitar) ....Chiapas, pero por fortuna pude ir el año pasado.

7. Al llegar a casa nos dimos cuenta de que (perder) .... las llaves.

8. La profesora nos preguntó si (hacer) .... los ejercicios.

9. Llegué a México en septiembre y un mes después ya (encontrar) .... un empleo.

10. Cuando entré en la cocina vi que el arroz (quemarse) ....

2.2. Escribe el verbo en la forma correcta del pasado.

María Luisa tuvo que vender el anillo de diamantes que su esposo, José Javier, le (regalar) .... antes de casarse. Dos meses más tarde José Javier le (preguntar) .... qué (hacer, ella) .... con el anillo, porque hacía mucho tiempo que no lo (usar, ella) .... Ella le (responder) .... que lo (perder) .... pero que no (saber) .... dónde y que no le (decir) .... nada para no preocuparlo. Él (buscar) .... el anillo en los lugares donde María Luisa (estar) .... últimamente, pero nadie lo (ver) ....

Mientras tanto, María Luisa (intentar) .... recuperar el anillo: (ir) .... a la casa de empeños donde lo (vender) .... pero alguien lo (comprar) .... Entonces María Luisa, desesperada, (volver) .... a su casa y le (contar) .... la verdad a José Javier: (perder, ella) .... una partida de póquer y (necesitar) .... el dinero para pagar la deuda. Le (explicar, ella) .... que (volver, ella) .... a la casa de empeños para recuperarlo, pero que el anillo ya ni (estar) .... María Luisa, muy triste, (empezar) .... a llorar. En ese momento su esposo (sacar) .... una cajita del bolsillo de su saco y se la (entregar, él) ....

¡Dentro de la caja (estar) .... el anillo!

2.3. Elige la forma correcta del verbo entre las opciones que te damos más abajo y sabrás mucho más sobre uno de los directores del cine mexicano más populares.

Guillermo del Toro director de cine, productor y guionista mexicano **(1)** .... en Guadalajara, Jalisco, el 9 de octubre de 1964. Desde muy pequeño **(2)** .... influenciado por el mundo de la fantasía y tinieblas que **(3)** .... en todo momento su vida. Su primer filme **(4)** .... desarrollado cuando solo

(5) .... 21 años; **(6)** .... un mediometraje. Guillermo del Toro **(7)** .... su primer largometraje, *La invención de Cronos,* que **(8)** .... de un simple anticuario.

En 1997 **(9)** .... la película *Mimic,* luego de la cual **(10)** .... a tener repercusión internacional, contando con actores norteamericanos.

EE. UU. **(11)** .... a reconocer sus habilidades como director, por lo que **(12)** .... a dirigir *Hellboy,* la cual **(13)** .... un éxito internacional. En el 2006 **(14)** .... con *El laberinto de Fauno* una de las películas premiadas en los Óscar como el mejor Guión Original.

(Adaptado de www.biografias.es/famosos/guillermo-del-toro.com)

(1) ha nacido, había nacido, nació.

(2) se vio, se ha visto, se veía.

(3) marcaba, marcó, ha marcado.

(4) ha sido, fue, era

(5) tuvo, tenía, había tenido.

(6) ha sido, fue, era.

(7) dirigió, ha dirigido, dirigía.

(8) ha tratado, había tratado, trataba.

(9) lanzó, lanzaba, había lanzado.

(10) empezaba, empezó, ha empezado.

(11) ha comenzado, comenzaba, comenzó.

(12) volvió, ha vuelto, volvía.

(13) tuvo, ha tenido, tenía.

(14) ha regresado, regresaba, regresó.

2.4. **En casi todo Morelos (México) se ha oído hablar de la hazaña del famoso niño llamado Narciso Mendoza, mejor conocido como "el niño artillero". Lee este fragmento de su vida y elige la opción correcta entre las formas de pasado.**

Narciso Mendoza nacía/nació en Cuautla, Morelos. Se le conoce como "el niño artillero". Fue/Era miembro de tropas infantiles al mando del General Almonte en la guerra de Independencia. Durante el sitio de Cuautla, las tropas virreinales lograron/habían logrado apoderarse de alguna casa e intentaron/intentarían entrar a la población. Mendoza, que tenía 12 años, veía/vio un cañón cargado que apuntaba hacia el ejército enemigo y tomó/tomaba una tea encendida, prendió/había prendido la mecha y disparó/disparaba sobre él: mató/mataba a la vanguardia, haciendo retroceder a los demás. Morelos lo felicitaba/felicitó públicamente y lo había tomado/tomó bajo su protección, asignándole un tostón diario (50 centavos), como premio por su proeza. Mendoza alcanzó/había alcanzado el grado de teniente coronel del ejército mexicano. Murió/Había muerto en Cuautla, Morelos, sin que se supiera la fecha de su muerte. En la ciudad de Cuautla, en su honor, hicieron/habían hecho un monumento, en donde él prende fuego al cañón contra las fuerzas realistas, comandadas por Calleja. En algunos otros lugares de la República Mexicana también se han erigido/habían erigido monumentos a este joven combatiente por su valor y hazaña en el sitio de Cuautla, Morelos (México).

(Adaptado www.redescolar.ilce.edu.mx/redescolar/publicaciones/publi_quepaso/mendnarciso.com)

Contesta a las siguientes preguntas:

1. ¿Cómo se llamaba el "niño artillero"?

   ....

2. ¿Dónde nació?

   ....

3. ¿Cuál fue su función en el movimiento de Independencia?

....

4. ¿Por qué lo felicitó José María Morelos y Pavón?

....

5. ¿Qué grado obtuvo en el ejército el "niño artillero"?

....

2.5. **En la siguiente sopa de letras hay 11 conectores discursivos. Te damos uno como ejemplo ("sin embargo"). Encuentra los otros diez.**

```
C A V E C T U A I K L A E C O S
U O N A O K O L U J A D T R C E
R Y M I K J A C O Y H A M A R X
Y U I O F R A A C B I S C U E A
I E E Y E J O B R I C O Q T Q R
T U N Y S A P O R T A N T O D U
Z A T G Q U E D I M L O A H A Y
W E R Y U M G E N O F E O I P R
A Z A I E S B U I M I N I K O E
L I S O D R U I N O N E T G R V
M O J I U M O A C X A S A N O O
I R O I N U I J S A L E T A T J
S E R J I E N G O M E M I U R G
M U Y B E V M O U Y I O F L O R
O C R A N Y R B R E A M A I L A
T U E H E U Y R A R T E R T A E
I X W G O I N J U R J N O A D S
E T O Y A E V J U O G T E C O C
M U I U L I M Y U E S O C R T E
P O R U N L A D O R U Y S I Y Z
O L J F A E G O M B I Y E A F B
```

2.6. **Completa las siguientes frases con los conectores del ejercicio anterior.**

1. .... no tengo dinero no puedo salir esta noche.

2. No pude venir antes, ... me quedé dormido.

3. ¿Por qué no preparas la cena .... yo pongo la mesa?

4. José Javier y Luisa se casaron en 2001 y .... un año se divorciaron.

5. Reprobaste cinco asignaturas y .... tienes que repetir el curso.

6. ▷ ¿Sabes cómo terminó el partido?

   ► Pues, ... empataron.

7. Todo el mundo sabe que la contaminación es un gran problema, ...
   algunos gobiernos no toman suficientes medidas para mejorar la situación.

8. Estaba estudiando en la universidad, ... trabajaba como repartidor de
   pizzas.

9. Cuando salía de casa, justo .... empezó a llover.

10. .... el trabajo me parece muy interesante, pero ....
    el sueldo no es muy alto.

2.7. Relaciona las expresiones de la columna de la izquierda con su definición en la columna de la derecha.

1. Cortar por lo sano.

2. Volverse loco.

3. Estar a punto de + inf.

4. Dejarse engañar.

5. Caer en la trampa.

6. Agarrar el toro por los cuernos.

7. De un jalón.

A. Enfrentarse con valor a los problemas para solucionarlos.

B. Creer todo lo que alguien dice sin cuestionarlo.

C. Realizar una acción sin hacer pausa.

D. Encontrarse en una situación negativa debido a un engaño de alguien que quiere obtener un beneficio.

E. Utilizar el medio más drástico para solucionar o acabar con un problema.

F. Se usa para expresar que algo gusta tanto que provoca una reacción de placer o alegría muy intensa.

G. Faltar muy poco tiempo para que una acción se realice o suceda.

1	2	3	4	5	6	7
☐	☐	☐	☐	☐	☐	☐

2.8. Completa las siguientes frases con una de las expresiones anteriores.

1. La situación era tan insoportable que tuve que ....

2. Cuando empiezo a comer chocolate .... y no puedo parar.

3. Tenemos que darnos prisa, la película ....

4. No hay que ....: parece todo muy barato, pero en realidad no lo es.

5. Finalmente, gracias a la policía, los ladrones ....

6. No puedes evitar el problema; tienes que .... y solucionarlo.

7. Trabajé doce horas ....

2.9. Completa de manera adecuada la biografía del escritor Mario Benedetti:

El escritor Mario Benedetti (nacer) .... en Paso de los Toros (Tacuarembó, Uruguay) el 14 de septiembre de 1920. (Educarse) .... en la *Escuela Alemana de Montevideo* y en la *Secundaria Miranda*. (Trabajar) .... como vendedor, taquígrafo, contable, funcionario público y periodista. Entre 1938 y 1941 (residir) .... casi continuamente en Buenos Aires y, en 1945, de regreso a Montevideo, (integrarse) .... en la redacción del célebre semanario *Marcha,* donde (formarse) .... como periodista. Ese mismo año, 1945, (publicar) .... su primer libro de poemas, *La víspera indeleble.*

A la aparición de su primera obra ensayística, *Peripecia y novela* en 1948, (seguir) ...., en 1949, su primer libro de cuentos, *Esta mañana,* y, un año más tarde, los poemas de *Sólo mientras tanto.* En 1953 (aparecer) .... *Quién de nosotros,* su primera novela; pero es el volumen de cuentos *Montevideanos* (1959) –en los que toman forma las principales características de la narrativa de Benedetti– el que (suponer) .... su consagración como escritor. Con su siguiente novela, *La tregua* (1960), Benedetti (adquirir) .... proyección internacional: la obra (tener) .... más de un centenar de ediciones, (ser) .... traducida a diecinueve idiomas y llevada al cine, el teatro, la radio y la televisión. Por razones políticas, (deber) .... abandonar su país en 1973, iniciando así un largo exilio de doce años que lo (llevar) .... a residir en Argentina, Perú, Cuba y España.

Su amplia producción literaria abarca todos los géneros, incluso famosas letras de canciones, y suma más de setenta obras, pero entre ellas destacan sus recopilaciones poéticas *Inventario* e *Inventario Dos,* los cuentos de *La muerte y otras sorpresas* (1968), *Con y sin nostalgia* (1977) y *Geografías* (1984), las novelas *Gracias por el fuego* (1965) y *Primavera con una esquina rota,* que en 1987 recibió el Premio Llama de Oro de Amnistía Internacional, así como la irrepetible novela en verso *El cumpleaños de Juan Ángel.*

2.10. **Ahora escribe tu biografía. No olvides utilizar conectores temporales para relacionar los acontecimientos.**

....
....
....
....
....
....
....
....

2.11. **Lee el siguiente texto.**

Aquel preso soñó que estaba preso. Con matices, claro, con diferencias. Por ejemplo, en la pared del sueño había un **afiche** de París; en la pared real solo había una oscura mancha de humedad. En el piso del sueño corría una lagartija; desde el suelo verdadero lo miraba una rata.

El preso soñó que estaba preso. Alguien le daba masajes en la espalda y él empezaba a sentirse mejor. No podía ver quién era, pero estaba seguro de que se trataba de su madre, que en eso era experta. Por el **amplio ventanal** entraba el sol **mañanero** y él lo recibía como una señal de libertad. Cuando abrió los ojos no había sol. El **ventanuco** con barrotes daba a otro muro de sombra.

El preso soñó que estaba preso. Que tenía sed y bebía abundante agua helada. Y el agua le **brotaba** por los ojos en forma de **llanto.** Cuando despertó, los ojos estaban secos. A esas alturas, el preso decidió que era mejor soñar que estar preso. Cerró los ojos y se vio con un retrato de Milagros entre las manos, pero él quería a Milagros en persona, con una sonrisa **amplia** y un camisón **celeste.** No quería despertarse, pero se despertó y no había nadie, ni foto ni Milagros ni camisón celeste.

El preso soñó que estaba preso. Su madre había **cesado** los masajes, entre otras cosas porque hacía años que había muerto. Milagros le decía adiós desde un parque pero en la **celda** no había parque, de manera que, incluso dentro del sueño, tuvo conciencia de que estaba soñando. Cuando abrió los ojos, el **camastro** de siempre le transmitió un frío insoportable. Intentó calentar sus manos con el aliento, pero no podía respirar. Allá, en el rincón, la rata lo seguía mirando.

No tenía radio ni reloj ni libros ni lápiz ni cuaderno. A veces cantaba bajito, pero cada vez recordaba menos canciones. De niño también había aprendido algunas oraciones que le había enseñado su abuelita. Pero ahora ¿a quién le iba a rezar?

Después de incontables sueños, una tarde un guardia le ordenó levantarse, porque le habían concedido la libertad. A la salida no lo esperaba nadie. Empezó a caminar. Caminó **como** dos días, durmiendo al borde del camino o entre los árboles. Cuando por fin llegó a casa de su hermana, ella casi se desmayó por la sorpresa. Estuvieron abrazados como diez minutos. Después de llorar un rato, ella le preguntó qué pensaba hacer. Por ahora, una ducha y dormir, estoy francamente **reventado**. Después del baño, ella lo llevó hasta un **áltillo**, donde había una cama. No un camastro **inmundo**, sino una cama limpia, blanda y decente. Durmió más de doce horas **de un tirón**. Curiosamente, durante ese largo descanso, el ex preso soñó que estaba preso. Con lagartija y todo.

Soñó que estaba preso, Mario Benedetti (adaptado)

2.12. Sustituye las palabras en negrita del texto por una de las palabras o expresiones siguientes:

> lágrimas • cartel • terminado • ventana pequeña • más o menos • agotado
> sucio • de un jalón • desván • calabozo • ventana grande • catre • salía
> grande • azul cielo • de la mañana

afiche: ....

amplio ventanal: ....

mañanero: ....

ventanuco: ....

brotaba: ....

llanto: ....

amplia: ....

celeste: ....

cesado: ....

celda: ....

camastro: ....

como: ....

reventado: ....

altillo: ....

inmundo: ....

de un tirón: ....

2.13. De los siguientes adjetivos, ¿cuáles utilizarías para definir la celda real y cuáles para definir la celda del sueño?

> espaciosa • luminosa • pobre • cómoda • fría • oscura • solitaria • grande
> soleada • alegre • acogedora • húmeda • inmunda • cálida

CELDA REAL	CELDA SOÑADA
....	....
....	....
....	....
....	....
....	....
....	....
....	....

2.14. Escribe los antónimos de las siguientes palabras (puedes escribir más de uno).

Inmundo: ....

Cálido: ....

Abundante: ....

Humedad: ....

Cómodo: ....

Blando: ....

Decidido: ....

3.1. Lee el siguiente texto sobre cómo conseguir una espalda saludable y bonita. Completa los huecos con la forma de imperativo de los verbos del cuadro (escribe los pronombres de O.D. o O.I. que sean necesarios).

> colocar • permanecer • mantener • usar (2) • evitar • inclinarse • hacer (2)
> aplicar (2) • extender • cruzar • acostarse • levantar • practicar • pedir

Consejos para mantener una espalda saludable

Tener una espalda bonita es una tarea que además de suerte genética requiere cuidados especiales. La mayoría de la gente solo piensa en su espalda cuando siente dolor. Pero cuidar esta parte del cuerpo para que se mantenga saludable no solo ayuda a verse y sentirse más atractivo, sino que contribuye a eliminar y prevenir ese incómodo dolor que ataca la cintura, la parte media de la espalda o la base del cuello.

Estos cuidados y ejercicios son válidos tanto para hombres como para mujeres, pues ambos quieren verse y sentirse bien con su cuerpo.

1. .... una crema exfoliante para la espalda por lo menos dos veces al mes. .... con masajes circulares, con la ayuda de un cepillo especial para baño.

2. .... siempre una buena postura.

3. .... ejercicio regularmente. La natación es el deporte más conveniente para mantener una espalda saludable y en forma.

4. .... el sobrepeso, la primera afectada es siempre su espalda.

5. .... a su médico suplementos que incluyan vitaminas B12, B6 y B1, que refuerzan los músculos y los nervios.

6. No .... en la misma posición durante más de una hora.

7. Siempre que tome el sol, ... bronceador con factor de protección 30 ó más.

8. Siempre que se acueste boca abajo, ... una almohada bajo su estómago, le ayudará a mantener la curvatura de la espalda.

9. Sentada con las piernas separadas, flexionadas levemente y manteniendo la espalda recta, ... hacia delante tratando de tocar los pies con las manos. .... diariamente tres series de 10, 15 ó 20 repeticiones según su resistencia.

10. .... *Aplíquese* .... baños de agua caliente y fría, para estimular el tono muscular y la circulación sanguínea.

11. .... una colchoneta en el suelo, ... boca abajo, ... las manos detrás de la cadera y .... el pecho del suelo lo máximo posible. .... diariamente tres series de 10, 15 ó 20 repeticiones.

(Texto adaptado, *El tiempo*/Revista Carrusel)

3.2. Aquí tienes una serie de consejos para realizar una entrevista de trabajo. Completa los huecos con el verbo en imperativo en la forma usted.

1. .... (Ser) puntual.

2. .... (Vestirse) adecuadamente: no .... (llevar) ropa demasiado informal. .... (dar) la mano a su entrevistador/a con firmeza, pero no le .... (romper) un hueso.

3. No .... (sentarse) antes que su entrevistador.

4. No .... (echarse) en la silla, ... (mantener) el cuerpo erguido.

5. Durante la entrevista no .... (jugar) con su pelo, no .... (cruzar) las piernas, ni los brazos.

6. .... (Comportarse) con naturalidad, pero .... (tratar) de usted a su entrevistador/a.

7. No .... (evitar) mirar a los ojos a su entrevistador/a.

8. .... (Responder) a las preguntas con claridad. No .... (alargar) demasiado sus respuestas ni .... (ser) demasiado breve.

9. No .... (mentir), ... (modificar) la realidad.

3.3. Gabriela se fue de viaje y le dejó a su hijo una nota con instrucciones. Transforma los infinitivos en imperativos utilizando los pronombres.

Ejemplo: *Entregar al profesor las tareas.* → Entrégaselas.

1. Lavarse las manos antes de comer. ....

2. Dar la comida al perro. ....

3. Ponerse el pantalón nuevo. ....

4. Poner el collar al perro para pasear con él. ....

5. Limpiar tu cuarto. ....

6. Regar las plantas. ....

7. Prestar tus juguetes a tu hermana. ....

8. Hacer las tareas todos los días. ....

En la nota, Gabriela le dice también a su hijo lo que no debe hacer.

Ejemplo: *No molestar a tu hermana.* → No la molestes.

9. No ver la tele hasta muy tarde. ....

10. No abrir la puerta a desconocidos. ....

11. No comerse todos los dulces. ....

12. No poner la música muy alta. ....

13. No quitar el dinero a tu hermana. ....

14. No abrir la jaula al canario. ....

15. No utilizar la computadora durante mucho tiempo. ....

3.4. Aquí tienes unas expresiones con partes del cuerpo. Relaciónalas con su significado.

1. Estar hasta el copete
2. Hacerse agua la boca a alguien.
3. Estar con el agua al cuello.
4. Echar una mano a alguien.

A. Tener un mal día.
B. Hablar muchísimo.
C. Estar cansado de una persona o de una situación.
D. Ayudar a alguien.

5. Echar de cabeza.

6. No tener ni pies ni cabeza.

7. Poner al mal tiempo buena cara.

8. Hablar hasta por los codos.

9. No pegar ojo.

10. Levantarse con el pie izquierdo.

11. No tener un pelo de tonto.

12. Estar atado de pies y manos.

E. Denunciar a alguien.

F. Tener muchos problemas económicos.

G. Sentir hambre de repente.

H. Algo que no tiene sentido.

I. No poder dormir.

J. No perder el optimismo ante los problemas.

K. No tener libertad para actuar ante una situación.

J. Ser listo.

3.5. **Ahora completa las siguientes frases con las expresiones que aprendiste.**

1. .... de mi novio, siempre llega tarde.

2. ¡Qué bien huele! Cada vez que paso por la pastelería de la esquina ....

3. Desde que dejé el trabajo ....; ya no puedo ni pagar la renta.

4. Este fin de semana me cambio de departamento. ¿Puedes .... ?

5. Pepe es muy honesto, siempre dice la verdad aunque tenga que ....
.... a alguien.

6. Este informe .... Tendrá que volver hacerlo.

7. Reprobé el examen de español, mi novia me terminó y me despidieron del trabajo, pero yo siempre .... porque soy muy optimista.

8. Cada vez que me encuentro con mi vecina pierdo media hora porque (ella) .... y no puedo interrumpirla.

9. Con este calor es imposible ....

10. Ayer Laura estaba insoportable; .... y estaba enojada con todo el mundo.

11. Este fin de semana no puedo salir porque tengo que estudiar y cuidar de mis hermanos. ....

12. Lo siento, amiga, no puedo ayudarte. ....

3.6. **Clasifica los consejos que te damos a continuación en las siguientes categorías.**

> Evita la monotonía para mantener viva la pasión • No le llames • Ten una actitud positiva • Conserva a tus amigos de siempre • Compartan parte de su tiempo libre • Muéstrate tal como eres • No olvides nunca su cumpleaños • Mantengan su independencia • Habla con tus amigos de tus sentimientos • No te obsesiones en encontrar pareja • Ten seguridad en ti mismo/a • Relaciónate con la gente • Intenta tener una buena relación con su familia • Haz ejercicio físico para superar el enojo • Recuerda todos los rasgos negativos de tu ex • Cuida tu aspecto • No pienses en los buenos momentos que pasaron juntos • Distráete: ve al cine, sal con gente, haz cosas para olvidar tu preocupación

Consejos para conseguir pareja	Consejos para ser feliz con tu pareja	Consejos para olvidar un amor
....	....	....
....	....	....
....	....	....
....	....	....
....	....	....
....	....	....
....	....	....

3.7. ¿ERES UN BUEN ANFITRIÓN?

Estrategias para triunfar entre tus amistades

El éxito de una celebración depende en gran medida de la empatía y capacidad organizativa del anfitrión. La experta en relaciones públicas Diane White ofrece algunos consejos en su libro *Ideas y trucos para recibir amigos en casa* (Ed. Victor).

Lee estas pautas sin pensar en ti y escribe los verbos en imperativo:

(Si quieres practicar con la forma usted, también tienes las soluciones al final).

a) .... (Ser) organizado y previsor si quieres una fiesta perfecta: .... (citar) a los invitados a la misma hora y .... (tener) bebida o comida para todos los gustos.

b) .... (Adoptar) una actitud amable y divertida. .... (ofrecer) tu mejor sonrisa, sincera, por supuesto, y .... (olvidarse) de preocupaciones y problemas: hablar de ellos puede ensombrecer la reunión.

c) .... (Evitar) ser el centro de atención y .... (convertirse) en mediador entre los invitados.

d) .... (Conseguir) que se relacionen entre sí: .... (hacer) las presentaciones convenientes.

e) .... (Usar) la empatía, ... (preocuparse) de que todos se sientan a gusto, es tu primera y más importante función.

f) .... (Resolver) los posibles problemas con tranquilidad, ... (evitar) los enfrentamientos o las reacciones que pueden contagiar nerviosismo.

g) En el momento de una tertulia, ... (adoptar) discretamente el papel de moderador neutral.

h) Y lo más importante: .... (tratar) a tus invitados con la hospitalidad que te gustaría recibir fuera de casa.

(Adaptado de la revista *Psicología Práctica*)

3.8. Lee los siguientes textos.

INVÍTALES A UN COCTEL

Desde los clásicos a los más vanguardistas; dulces, amargos, fuertes, ligeros... los hay para todos los gustos. No los dejes pasar y pon una nota de color a tus noches de verano.

Sobre el origen del coctel hay casi tantas leyendas como países en el mundo. No se sabe muy bien el origen del coctel, aunque sí se sabe que la idea apareció en algún punto de América. Algunos creen que fue el rey Axolot VII, en México, el primero en utilizar la palabra y en mezclar bebidas en las reuniones de protocolo que ofrecía. Otros creen que el coctel se originó en Cuba y para otras personas el coctel apareció en una taberna mexicana en la que los ingredientes de las bebidas se mezclaban con la raíz de una planta llamada cola de gallo (*cock-tail*, en inglés).

La primera referencia escrita es del año 1806: el 13 de mayo de ese año el Nueva York Balance publicó lo siguiente: "Un coctel es una bebida estimulante compuesta de un licor de cualquier tipo, azúcar, agua y *bitters*, que se sirve durante las campañas electorales". Desde entonces ha llovido mucho y está claro que cualquier ocasión es buena para degustar un buen coctel. Por otro lado, cada vez hay más combinaciones con nuevos ingredientes. Hoy día hay cocteles de todo tipo y para todos los gustos, aunque hay algunos clásicos que es obligatorio probar.

LOS GRANDES CLÁSICOS

En primer lugar tenemos la Margarita, una combinación de tequila, limón, azúcar y angostura, que debe su nombre a la esposa de un famoso hacendado que vivió en México en los años 20. Tenemos también el Cuba Libre, nacido, obviamente, en Cuba, y que consiste en una mezcla de ron cubano y Coca-cola. Otro de los grandes clásicos es el Bloody Mary, que ha salvado a mucha gente de los efectos de la resaca. Lo inventó un barman neoyorquino en los años 20 y está compuesto de vodka, jugo de tomate, limón, pimienta, sal y salsa tabasco. Otros cocteles famosos son el Daiquiri, el Dry Martini, el Mojito, la Piña Colada y muchos más.

Los cocteles son refrescantes y muy sabrosos. Además del Bloody Mary, existen otros buenos remedios para calmar las resacas: los egipcios tomaban col hervida, los asirios recomendaban el pico de golondrina y el escritor Thackeray fue el primero en recomendar la cerveza suave. Lord Byron prefería luchar contra la resaca tomando vino blanco y soda. Otra recomendación contra la resaca es beber mucha agua, o probar el Polynesian Pick-me-up, una mezcla de hielo con un chorrito de vodka, media cucharadita de curry en polvo, una cucharadita de jugo de limón, un chorrito de salsa tabasco y pimienta de Cayena.

Si quieres preparar los mejores cocteles hay algunos utensilios que son imprescindibles en cualquier cocina: lo principal es tener una buena coctelera donde mezclar con habilidad los ingredientes. Además necesitas hielo, pinzas para servirlo y una colección de vasos originales. Por último, solo necesitas un poco de imaginación para crear tus propias mezclas.

3.9. Escribe la forma correcta de los verbos en imperativo (tú) y sabrás cómo preparar los mejores cocteles.

BRISA MARINA

Ingredientes: vodka, jugo de arándanos, jugo de uva, lima cortada en rodajas, hielo.

Preparación: (combinar) .... en una coctelera el vodka con los jugos. (Picar) .... el hielo y (llenar) .... hasta la mitad dos vasos. (Echar) .... el contenido de la coctelera en los vasos, (añadir) .... un chorrito de lima y (decorar) .... el vaso con rodajas de lima.

NEGRONI

Ingredientes: campari, vermú, ginebra y una naranja.

Preparación: (cortar) .... la naranja en rodajas, (llenar) .... los vasos de hielo y (añadir) .... el campari, el vermú y la ginebra. (Colocar) .... tres rodajas de naranja como decoración.

SANGRÍA SUMATRA

Ingredientes: mosto, ron blanco, Cointreau y jugo de limón.

Preparación: (mezclar) .... el mosto bien frío con el ron y el Cointreau y (poner) .... un par de cucharadas de jugo de limón. Si te gustan las bebidas dulces, (impregnar) .... el borde del vaso con azúcar. No lleva hielo.

KIWI SURPRISE

Ingredientes: kiwis cortados en rodajas, ginebra y un chorrito de azúcar derretida.

Preparación: (triturar) .... los kiwis en un mortero y (añadir) .... el hielo, la ginebra y el sirope de azúcar. (Machacar) .... todo en el mortero y (echar) .... el resultado en vasos muy fríos.

GINGER FIZZ

Ingredientes: 3 finas rodajas de jengibre, vodka, vino blanco espumoso.

Preparación: (mezclar) .... el vodka con el jengibre en un mortero y (tritutar) .... todo. (Poner) .... hielo y (agitar) .... la mezcla. (Echar) .... el resultado en vasos de champán y (añadir) .... por último el vino espumoso.

(Adaptado de la revista *Glamour*)

3.10. **Contesta con verdadero o falso.**

	verdadero	falso
1. El coctel es una bebida de origen inglés.	☐	☐
2. Los mexicanos fueron los creadores del coctel.	☐	☐
3. Al principio el coctel solo se servía en ocasiones formales.	☐	☐
4. Los cocteles se hacen siempre con el mismo tipo de ingredientes.	☐	☐
5. El coctel más famoso contra las resacas es la Margarita.	☐	☐
6. La mayoría de los cocteles mencionados contienen azúcar.	☐	☐
7. Se sirven normalmente fríos.	☐	☐

3.11. **Tu fiesta fue un gran éxito: conseguiste ser un buen anfitrión y sorprender a tus invitados con tus cocteles. Sin embargo, después de la fiesta, tu casa tiene un aspecto horrible. A continuación te ofrecemos algunos trucos. Completa los huecos con el imperativo y sabrás cómo limpiar bien con menos esfuerzo.**

(Si quieres practicar con la forma usted, también tienes las soluciones al final.)

1. Para eliminar el desagradable olor a comida que se extiende por toda la casa (echar, tú) .... un chorro de vinagre sobre la sartén todavía caliente. Y si tus manos huelen a cebolla (frotárselas, tú) .... con vinagre y nadie lo notará.

2. Si los invitados pusieron sus manos llenas de grasa sobre el espejo del baño (humedecer, tú) .... una esponja con alcohol y amoniaco y (pasarla, tú) .... por la superficie del espejo.

3. Uno de tus invitados te ayudó a lavar los trastes pero no lo hizo muy bien y tienes un vaso atascado dentro de otro. Para separarlos (llenar, tú) .... el superior con agua fría y (sumergir, tú) .... el inferior en agua caliente.

4. Después de la fiesta tu casa huele a tabaco y no es suficiente con abrir las ventanas. Para eliminar ese desagradable olor (poner, tú) .... recipientes con agua y vinagre o granos de café en diferentes lugares de la casa.

5. Para que las rosas que te regalaron duren más tiempo (hervir, tú) .... agua y (sumergir, tú) .... en ella los tallos antes de colocarlas en un jarrón.

6. Ahora tienes una colección de manchas de café y vino tinto en el sofá. Para eliminar el café (frotar, tú) .... la mancha con hielo. (Eliminar, tú) .... las manchas de vino tinto con sal o vino blanco. Pero si tu sofá es de cuero y está muy sucio (aplicar, tú) .... pequeñas cantidades de crema nutritiva de cara o de manos. (Extenderla, tú) .... y (dejar, tú) .... que se absorba.

7. En tu alfombra apareció una extraña mancha café. Para eliminarla (poner, tú) .... vinagre y alcohol a partes iguales, (frotar, tú) .... la mancha, (aclararla, tú) .... con agua y (secarla, tú) ....

(Adaptado de la revista *Mia*)

Unidad 4

4.1. Seguro que cuando eras pequeño leías cuentos antes de dormir. ¿Recuerdas qué deseos tenían los personajes de algunos de los cuentos clásicos? Elige el verbo adecuado y escríbelo en la forma correcta del subjuntivo.

> morder • crecer • enamorarse • casarse • comerse • llevarse
> transformarse • ser • encontrarse • convertirse • despertarse

1. La madrastra de *Cenicienta:* ¡Ojalá el príncipe .... de una de mis hijas!

2. La gente de *Hamelin:* ¡Ojalá el flautista .... a todas las ratas fuera del pueblo!

3. El príncipe de *La Bella Durmiente:* ¡Ojalá esta bella joven .... con mi beso!

4. *Pinocho:* ¡Ojalá .... en un niño de verdad!

5. La reina malvada de *Blancanieves:* ¡Ojalá .... la manzana!

6. El lobo de *Los Tres Cerditos:* ¡Ojalá .... a estos cerditos tan sabrosos!

7. *Caperucita Roja:* ¡Ojalá no .... con el lobo en el bosque!

8. *Peter Pan:* ¡Ojalá no .... nunca y .... un niño para siempre!

9. *La Bestia:* ¡Ojalá Bella .... conmigo!

10. *El Patito Feo:* ¡Ojalá .... en un pato muy hermoso!

4.2. Escribe a continuación los deseos de otros personajes. No olvides usar la estructura ojalá + subjuntivo.

1. El lobo de Caperucita: ....

2. Bella: ....

3. Los siete enanitos: ....

4. Cenicienta: ....

5. El flautista de Hamelin: ....

4.3. Completa el siguiente crucigrama con las formas del presente de subjuntivo y descubre el nombre de una película de Pedro Almodóvar, el famoso director de cine español.

1. **Llamar,** 3.ª persona del plural.

2. **Amanecer,** 3.ª persona del singular.

3. **Volar,** 3.ª persona del plural.

4. **Saber,** 3.ª persona del plural.

5. **Haber,** 2.ª persona del singular.

6. **Decir,** 2.ª persona del singular.

7. **Entender,** 3.ª persona del singular.

8. **Colgar,** 3.ª persona del plural.

9. **Pedir,** 1.ª persona del plural.

10. **Soñar,** 1.ª persona del singular.

11. **Salir,** 3.ª persona del plural.

12. **Cerrar,** 2.ª persona del singular.

13. **Conocer,** 1.ª persona del plural.

1. _ _ _ _ _ _
2. _ _ _ _ _ _ _ _
3. _ _ _ _ _ _
4. _ _ _ _
5. _ _ _ _
6. _ _
7. _ _ _ _ _ _
8. _ _ _ _ _ _
9. _ _ _ _ _
10. _ _ _ _
11. _ _ _ _ _ _
12. _ _ _ _ _ _
13. _ _ _ _ _ _ _ _ _

Título de la película:

....

4.4. Completa las siguientes frases con los verbos en presente de subjuntivo.

1. ▷ Mañana tengo un examen. Espero que no (ser) .... muy difícil.

   ▶ Que te (ir) .... bien.

2. ▷ El próximo domingo nos vamos todos de vacaciones. Espero que (divertirse, nosotros) ....

   ▶ Pues yo espero que no (llover) ...., porque últimamente tenemos muy mala suerte con el tiempo.

3. ▷ ¿Sabes que Pancho tiene una nueva novia?

   ▶ ¿Sí? ¡No me digas! Pues ojalá (tener, él) .... más suerte con ella, porque con Bea la pasó muy mal, el pobre.

4. ▷ Chicos, llevan 3 horas estudiando. ¿Quieren que les (traer, yo) .... algo de comer?

   ▶ Sí, gracias mamá.

5. ▷ Soy el genio de la lámpara de Aladino y te concedo tres deseos.

   ▶ Pues, deseo que mi casa (convertirse) .... en un palacio y que la princesa Madeleine (enamorarse) .... de mí. Mi último deseo es que (haber) .... paz en el mundo.

4.5. En las siguientes notas faltan los verbos. Escríbelos en la forma correcta.

Ejemplos: *Quiero que Juan* venga *a la fiesta.*

         Quiero comprarme *un carro nuevo.*

1.	2.
José Javier, cariño, necesito .... (ir, tú) al supermercado y .... (comprar, tú) achiote, porque quiero .... (hacer) una cochinita pibil mañana.	Srta. Graciela, La señora Morales quiere .... (llamar, usted) por teléfono al señor Landa y le .... (decir, usted) que necesita .... (tener) el reporte mañana en la mañana.

3.

Queridos amigos,
Deseo .... (pasar, ustedes)
una feliz Navidad y ....
(tener, ustedes) un próspero Año Nuevo.

    Besos,

       Diana

4.

Muchas gracias Martha por invitarme a
tu boda, pero por desgracia no puedo
asistir. Te envío un regalo, espero ....
.... (gustar, tú).

4.6. **Completa el siguiente diálogo entre Enrique y sus amigos con la forma correcta del verbo entre paréntesis. Recuerda escribir "que" cuando sea necesario.**

Enrique, el hijo de Paulina y José Javier, está con sus amigos (Pancho, Benjamín, Bea, Deysi, Fernando y Luis Miguel) para organizar el próximo fin de semana.

Enrique: ¿Qué podemos hacer este fin de semana?

Benjamín: Pues hay un concierto fantástico el sábado por la noche. ¿Quieren ...*que vayamos*....
(ir, nosotros)?

Fernando: ¡Pero yo no puedo ir! Mis papás no quieren .... (salir, yo) en la noche.

Luis Miguel: A mí mis papás tampoco me dejan. Yo prefiero .... (quedar, nosotros) más temprano y .... (jugar, nosotros) al fútbol.

Bea: Todos los sábados hacemos lo mismo. ¡Estoy hasta el copete!

Pancho: Pues ¿qué quieres .... (hacer, nosotros)? ¿Tienes una idea mejor?

Bea: ¡Pues sí! Deysi, ¿por qué no vamos tú y yo de compras? Necesito .... (renovar, yo) mi closet.

Deysi: Pero, Bea, ya fuimos la semana pasada. Yo prefiero .... (estar, nosotros) todos juntos.

Enrique: ¡Chicos! Mis papás se van fuera el fin de semana. ¿Quieren .... (organizar, nosotros) un reventón en mi casa?

Todos: ¡Síííííííí!

4.7. **Completa las frases con el verbo en el tiempo y la forma correcta.**

Ejemplo: *Mis papás no me* permiten que fume.

1. Te ordeno que (regresar, tú) .... antes de medianoche.

2. Mis papás no me permiten que (tener) .... un gato.

3. Hijo, te aconsejo que no (perder) .... el tiempo y (estudiar) .... más.

4. ¡Estoy harta! Todos los días mis papás me mandan a que (sacar, yo) .... la basura.

5. Siempre les pido a mis papás que me (regalar) .... una moto, pero me dicen que (ser, yo) .... demasiado joven.

6. Papá, mi maestro me recomienda que (ir, yo) .... a México para (mejorar) .... mi pronunciación.

7. Lo siento, chicos, mis papás me prohiben que (hacer, nosotros) .... el reventón en mi casa.

4.8. Completa las frases con un verbo del recuadro en la forma correcta de infinitivo o subjuntivo. No olviden escribir "que" cuando sea necesario.

no preocuparse • comprarme • vigilarlo • pedir • viajar • tener • disfrutar
dejarle • comparar • trabajar • regalarme • vivir • buscar

1. Si no sabe qué hacer en vacaciones y quiere .....vivir..... nuevas experiencias, le aconsejamos .... con nosotros a mil y un lugar y .... de las hermosas historias que le vamos a hacer vivir.

2. ▷ ¿Está seguro de que este es el mejor detergente del mercado?

   ► ¡Claro que sí! De todas formas, si no me cree, le recomiendo ...., ..., y si encuentra algo mejor, cómprelo.

3. Si quieres .... energía, come un plátano cada día.

4. Espero que mis papás .... la moto porque quiero .... este verano y en *Pizzaboom* necesitan repartidores.

5. Mis papás me prohibieron .... a mis abuelos .... la moto.

6. ▷ Estoy muy preocupada con mi hijo Enrique porque últimamente sale con unos muchachos muy raros y no sé qué hacer.

   ► Yo te aconsejo .... tanto, ... un poco más de libertad pero .... de cerca y si ves que tiene un comportamiento extraño le pones unas normas más estrictas.

4.9. Lee el siguiente texto.

La misma especie, mundos diferentes

Hoy en día sabemos que existen diferencias entre hombres y mujeres. Estas se externan en la manera en que socializamos, cuidamos nuestra apariencia, perseguimos nuestros intereses, cuidamos nuestras relaciones, etc.

Primeramente, debemos entender que el hombre y la mujer tienen intereses distintos. Esto es, lo que es importante para cada uno como persona tiene una base diferente. El hombre está orientado y motivado hacia la obtención de logros, hacia conquistas. La mujer está más interesada en el proceso hacia los logros y, sobre todo, en las relaciones personales involucradas en este proceso.

Otra diferencia entre ambos sexos es cuando el hombre va de compras. Esta necesidad es porque parecen tener una explicación más allá de edades, gustos o precios. Se remonta a las habilidades que cada sexo ha ido desarrollando desde hace miles de años, las mujeres de antaño se dedicaron a recolectar y a criar niños y ellos a la caza. Las mujeres son más pacientes, llevan a sus hijos a la compra y son capaces de encontrar las mejores ofertas sin importar el tiempo que empleen en ello.

Otra área de gran diferencia entre hombres y mujeres es la manera de comunicarse. Para el hombre la comunicación tiene el propósito de dejar en claro, con el mínimo de palabras necesario, por eso prefieren el sexo a hacer el amor. Para la mujer, la comunicación tiene el fin de permitirle compartir sus sentimientos respecto a la situación. Muchos hombres se asombrarían al saber el efecto que tiene en la mujer una notita con las palabras "Te quiero", colocada en un lugar estratégico de tal manera que la sorprenda.

Un hombre prefiere ver un partido de fútbol, un problema que llegará a una resolución definitiva, y en el que no está involucrado emocionalmente. La mujer prefiere las telenovelas, problemas basados en relaciones que se desarrollarán por meses, y de los cuales puede platicar extensamente con sus amigas.

Para el hombre es importante cortejar y "ligar" a la mujer, esto satisface su necesidad de ser admirado; para la mujer es importante sentirse lo suficientemente valiosa para merecer el esfuerzo de ser "acechada", esto satisface su necesidad de ser amada. Por otra parte, al dejar que el hombre tome la iniciativa en la relación, se satisface su necesidad de ser necesitado, y el de la mujer de sentirse protegida.

Entender las diferencias entre el hombre y la mujer nos ayuda a comprender las necesidades que tenemos como personas. En general, el hombre necesita ser necesitado y admirado, mientras que la mujer necesita sentirse amada y cuidada. Al comprender y aceptar estas diferencias la otra persona se sentirá verdaderamente amada y valorada como persona.

Parece que los hombres nunca son capaces de encontrar nada, pero siempre tienen ordenados los *compact-discs* alfabéticamente. Las mujeres siempre son capaces de encontrar el juego de llaves que se había extraviado, pero nunca encuentran el camino más corto para ir a un sitio.

Los hombres se creen el sexo más sensato. Las mujeres saben que lo son.

(Adaptado de *¿Por qué los hombres no escuchan
y las mujeres no entienden los mapas?*)

4.10. **Relaciona una de las frases de la primera columna con otra frase de la segunda columna.**

1. Hombres y mujeres...	**A.** deben entender las diferencias entre unos y otros.
2. Hombres y mujeres...	**B.** lo claro y lo concreto en una conversación.
3. Los hombres prefieren...	**C.** tienen pocas cosas en común.
4. Ambos sexos...	**D.** tienen comportamientos diferentes.
5. Todas las personas...	**E.** tienen diferentes necesidades.

4.11. **Di si las siguientes afirmaciones son verdaderas o falsas según el texto.**

	verdadero	falso
1. Los hombres prefieren que sus hijos los acompañen a las compras.	☐	☐
2. Los hombres creen que es necesario declarar constantemente sus sentimientos a sus parejas.	☐	☐
3. En general, los hombres prefieren los programas televisivos con resoluciones definitivas.	☐	☐
4. Las mujeres prefieren que los hombres sean menos comunicativos.	☐	☐
5. Para las mujeres, pocos hombres son suficientemente cariñosos.	☐	☐
6. Para los hombres, la admiración es el punto de partida del amor.	☐	☐
7. Los hombres prefieren que las mujeres sean más activas en el sexo.	☐	☐
8. Las mujeres siempre encuentran las mejores ofertas.	☐	☐
9. A las mujeres les aburren las pláticas extensas.	☐	☐

4.12. **Escribe el opuesto de las siguientes palabras (puedes escribir más de una).**

insensible ....

comprensivo ....

detallista ....

definitivo ....

agresivo ....

hablador ....

admirado ....

cariñoso ....

4.13. Transforma los siguientes párrafos en frases en las que aparezca el subjuntivo.

"Las mujeres critican a los hombres por ser insensibles y descuidados, por no escuchar, por no ser afectuosos y comprensivos, por no comunicarse, por no expresarles todo el amor que ellas necesitan, por no comprometerse en las relaciones, por preferir el sexo a hacer el amor y ver los partidos de fútbol los fines de semana".

Las mujeres quieren que los hombres sean más sensibles y no sean tan descuidados, necesitan

que los hombres las escuchen y ....

....

....

....

....

"Los hombres critican a las mujeres por su forma de hacer las compras, por hablar demasiado sin ir al grano, por no tomar la iniciativa en el sexo más a menudo".

Los hombres quieren que las mujeres compren más rápido y ....

....

....

....

....

....

4.14. Escribe la forma adecuada del verbo: ¿infinitivo o subjuntivo?

1. Adrián tiene 12 años y vive con su mamá y su hermana en Guadalajara. Dice que no tiene una buena relación con ellas porque lo regañan todo el día. Su mamá quiere que (hacer) .... la tarea antes de ver su programa favorito. Su hermana le pide que (recoger) .... los juguetes y (levantar) .... su cuarto. Entre semana su mamá no le permite que (salir) .... con sus amigos, pero los fines de semana puede echarse una cascarita en el parque con sus cuates. Adrián quiere (platicar) .... con su madre para (tener) .... una mejor relación con ella y su hermana.

   (Adaptado de *http://www.sermexico.org.mx/articulo.php?modo=detalle&idarticulo=1355&idcanal=8*)

2. Carlos tiene 15 años y vive con su madre en la Ciudad de México. No discute con su mamá cuando le pide que (hacer) .... su cuarto, pero (lavar) .... los trastes y la ropa se le hace demasiado. Su mamá le pide que le (ayudar) .... y que (realizar) .... otras actividades para que (tener) .... un desarrollo sano y, lo mejor, que se (convertir) .... en un ser independiente capaz de (hacer) .... las cosas por él mismo. Carlos quiere (negociar) .... con su mamá y (hacer) ....otros quehaceres que no (ser) .... lavar los trastes y la ropa.

   (Adaptado de http://www.sermexico.org.mx/articulo.php?modo=detalle&idarticulo=1348&idcanal=7)

Unidad 5

5.1. Completa las siguientes frases con el verbo en futuro.

1. ▷ ¿Quién crees tú que (ganar) .... la liga de fútbol este año?

   ► La verdad es que no entiendo nada de fútbol pero pienso que (tener) ....
   que ganar el mejor, ¿no?

2. ▷ ¿Vas a venir mañana a la fiesta?

   ► No sé si (poder) ...., tengo muchísimo trabajo.

3. ▷ Estoy muy preocupado por Luis, todavía no ha llegado y es siempre muy puntual.

   ► ¡Tranquilo! (Estar) .... en un embotellamiento.

4. ▷ ¿Tú sabes cuándo (volver) .... Pepe y Susana de sus vacaciones?

   ► Pues no estoy muy seguro, creo que (venir) .... la semana próxima.

5. ▷ Hoy vi en la tele al famoso actor Richard Richardson y estaba muy cambiado. ¿Como
   cuántos años crees que (tener) ....?

   ► No sé... imagino que (tener) .... más o menos mi edad, así que
   no es muy mayor.

6. ▷ ¿Ya tienes planes para esta noche?

   ► Bueno, todavía no hay nada seguro, pero creo que (salir) ....
   con mis amigos a dar una vuelta por el centro.

5.2. En estos momentos tú estás estudiando español y no sabes qué están haciendo las personas que son importantes para ti. Formula hipótesis con el futuro sobre tu familia y tus amigos. ¿Dónde estarán ahora? ¿Qué estarán haciendo en este momento...?

Ejemplo: *En este momento, mi mamá estará en la oficina.*

1. ....
2. ....
3. ....
4. ....
5. ....
6. ....

5.3. Completa las siguientes frases con el verbo en antefuturo.

1. ▷ Me pregunto quién (ganar) .... el partido de fútbol.

   ► No te preocupes, seguro que el campeón (ser) .... tu equipo
   favorito.

2. ▷ Hace ya una hora que se terminó la fiesta y Luis no estaba. ¿Por qué no (venir)
   ....? ¿Tú qué crees?

   ► Imagino que no (poder) .... venir debido a su trabajo.

3. ▷ Me pregunto dónde (ir) .... Pepe y Susana de vacaciones.

▶ Pues no estoy muy seguro pero creo que (escaparse) .... a alguna playa desierta.

4. ▷ Ya terminé mis exámenes y ahora tengo que esperar las calificaciones... Estoy tan nerviosa... No sé si (hacer) .... todo bien.

▶ Tranquilízate, seguro que (pasar) .... todo.

5. ▷ Ayer compré un pastel de chocolate y lo dejé en el refrigerador pero desapareció...

▶ Bueno, ya sabes que los niños son muy golosos, (venir) .... a la cocina esta noche y se (comer) .... todo.

6. ▷ ¡Dios mío! ¡La luz de la casa está encendida! ¿(Entrar) .... un ladrón? ¡Vamos a llamar a la policía!

▶ Espera, espera, yo creo que Luis (olvidar) .... apagar la luz. Ya sabes que es muy despistado.

5.4. **Formula ahora hipótesis sobre las actividades que tu familia y tus amigos habrán realizado durante el tiempo que tú llevas en Costa Rica. Usa el antefuturo.**

Ejemplo: *Durante estas semanas, mi papá habrá comprado un carro nuevo.*

1. ....

2. ....

3. ....

4. ....

5. ....

6. ....

5.5. **Completa las frases con el verbo en pospretérito.**

1. ▷ ¿Sabes a qué hora empezó ayer la conferencia?

▶ .... (empezar) a las cinco, igual que la de la semana pasada.

2. ▷ Estuve buscando ayer a Maribel y no la encontré, ¿sabes dónde estaba?

▶ No sé, supongo que .... (estar) en la biblioteca porque mañana tiene el examen final de literatura.

3. ▷ ¡Hola, Pedro! ¿Cómo estuvo la fiesta anoche?

▶ Muy padre, pero tomé mucho y no recuerdo demasiado.

▷ ¿Y a qué hora volviste a tu casa?

▶ Pues no sé, ... (volver) como a las seis porque mi papá justo se iba a trabajar.

4. ▷ ¿Sabes que anoche Jesús llegó a su casa a las 5 de la mañana? ¿Qué crees que le (decir) .... sus papás?

▶ Pues, no sé, pero seguro que (enojarse) .... con él.

5. La semana pasada fuimos a la fiesta de Tony y Melania y no sé cuánta gente (haber) ...., pero (ser, nosotros) .... unas 100 personas.

5.6. **Completa las siguientes frases usando el futuro, el antefuturo o el pospretérito.**

1. ▷ ¿Viste mis llaves?

▶ .... (dejarlas) puestas en la puerta, como siempre. ¡Eres tan despistado!

2. ▷ Ayer me crucé con Joaquín, pero no me saludó. ¿............................ (estar) enojado todavía?

    ► ¡Qué dices! Joaquín no es rencoroso. No .... (verte).

3. ▷ Ayer Fernando fue a la oficina del director y estuvo casi una hora.

    ► .... (explicarle, él) el incidente que hubo el martes.

    ▷ Pero esta mañana no vino a trabajar. ¿Crees que .... (despedirlo, ellos)?

    ► No, no creo, ... (ir) a la reunión del sindicato que tiene cada viernes.

4. ▷ ¿Crees que .... (haber) espacio para tanta gente?

    ► No estoy muy seguro, pero creo que no todo el mundo .... (venir).

5. ▷ Ya pasó una hora y Quique todavía no ha llegado. ¿Dónde crees que .... (estar)?

    ► No te preocupes, probablemente .... (dormirse) porque su despertador no .... (sonar). Como siempre.

5.7 **Matt Groening es el creador de algunas de las series de dibujos animados más conocidas, como Los Simpson o Futurama. A continuación tienes un texto en el que se habla del futuro según la serie Futurama. Completa los huecos con la forma adecuada del futuro o antefuturo.**

¿Y cómo (ser) .... el mundo del año 3000? ¿(Ser) .... un mundo perfecto como muestran algunas películas? ¿(Haber) .... una galaxia en guerra?

El futuro según Groening no (ser) .... muy distinto a la actualidad. El centro de la sociedad (seguir) .... siendo la televisión, con sus series de siempre y todo lo que ya sabemos de ella. La tecnología ya (avanzar) .... muchísimo. (Haber) .... grandes avances en medicina, transporte e ingeniería de todo tipo. Las ciudades (estar) .... compuestas por enormes edificios futuristas de todo tipo y todo aspecto, los carros no solo (volar) .... sino que (poder) .... realizar viajes espaciales. Sin embargo, el tráfico (seguir) .... siendo una pesadilla en las grandes ciudades.

También habitantes de otros planetas y especies extrañas hace tiempo que (instalarse) .... en la Tierra y que (integrarse) .... plenamente en la sociedad. Además, en este futuro, no (haber) .... que preocuparse por el trabajo; a cada persona se le (asignar) .... el trabajo que desempeñará el resto de su vida.

Los robots ya (convertirse) .... en miembros totalmente activos de la sociedad, ellos (ser) .... la principal mano de obra y (tener) .... independencia y los mismos derechos y privilegios que los humanos (excepto en determinados ámbitos). (Haber) .... planetas habitados enteramente por robots. Los robots (usar) .... el alcohol como fuente de energía química para cargar sus células de energía.

Las astronaves (realizar) .... viajes intergalácticos en cuestión de horas. El transporte espacial (estar) .... muy difundido porque anteriormente los gobiernos (construir) .... "autopistas" espaciales de tráfico. La seguridad de estos viajes espaciales (ser) .... un problema, ya que cualquier nave de transporte (poder) .... ser atacada en cualquier momento por misteriosas criaturas espaciales o por naves de grupos delictivos como piratas o la mismísima Robo-Mafia. Por eso, algunas naves (ir) .... armadas con cañones de auto-defensa y (disponer) .... de gran velocidad y maniobrabilidad para

tratar de escapar de sus enemigos. Las naves en principio (estar) ....
todas equipadas con piloto automático y (poder) .... despegar y aterrizar por sí mismas. Sin embargo (continuar) .... siendo pilotadas por tri-
pulantes humanos y no humanos.

(Adaptado de http://futurama.metropoliglobal.com/futuro.html)

5.8. **Relaciona los elementos de las dos columnas para formar frases con sentido.**

1. Creo que vendrá...

2. Quizá no van...

3. Supongo que iremos...

4. Me imagino que visitaré...

5. Seguro que suspenden...

6. A lo mejor nos quedamos...

7. Me parece que Lola...

8. Sí, seguramente Felipe tiene...

A. el Museo de Frida Kahlo porque el sábado en la mañana tengo libre.

B. el concierto de esta noche, con la tormenta que está cayendo.

C. reprobó el examen. Se fue sin despedirse.

D. en Campeche unos días para visitar sus alrededores, pero tenemos que hablarlo.

E. a la fiesta porque me llamó y me preguntó la dirección.

F. a Morelia. No tienen puente.

G. alguna novela de García Márquez. Es bastante aficionado a la literatura hispanoamericana.

H. a Acapulco, que es más barato.

1	2	3	4	5	6	7	8
☐	☐	☐	☐	☐	☐	☐	☐

5.9. **Ahora clasifica las estructuras según el grado de probabilidad que expresan.**

Probabilidad alta	Probabilidad media	Probabilidad baja

5.10. **Ángela y Nico son dos estudiantes que están investigando la desaparición de Vanessa, sucedida hace dos años. En este momento le hacen una entrevista a Bosco, amigo de Vanessa, para intentar descubrir qué pasó.**

ÁNGELA: Bosco era compañero de Vanessa. Cuéntanos cómo sucedió todo.

BOSCO: Pues... Vanessa llevaba varios días sin ir a clase... Llamamos a su casa y nos dijeron que había desaparecido. La policía estuvo buscándola durante varios meses pero nunca más tuvimos noticias de ella.

ÁNGELA: ¿Crees que la secuestraron?

BOSCO: Hay gente que piensa eso, pero es absurdo. Cuando desapareció, Vanessa envió una carta a su familia, explicando que estaba enamorada de uno y que se iba con él por su propia voluntad. Además, nunca se pidió un rescate.

ÁNGELA: ¿Y ustedes no sospecharon nada, quiero decir, no estaban al tanto de su vida privada?

BOSCO: Yo no soy espía de nadie... ¿Y tú?

ÁNGELA: ¿Tienen alguna idea de con quién se pudo fugar?

BOSCO: No, pero conociendo a Vanessa... tuvo que ser alguien... excepcional.

ÁNGELA: ¿Excepcional en qué sentido?

BOSCO: En todos los sentidos.

A continuación, Bosco graba un mensaje para Vanessa:

BOSCO: Vanessa, sé que ya pasaron dos años, y que seguramente tú ya hiciste una nueva vida... Estés donde estés, quiero que sepas que tus amigos no te olvidamos. Por favor, Vanessa, vuelve... Te quiero.

(Adaptado de la película *Tesis*, de Alejandro Amenábar)

5.11. **¿Qué crees tú que habrá pasado con Vanessa? ¿Crees que se habrá escapado con un chavo y que estará feliz viviendo con él? Formula tus hipótesis.**

....
....
....
....
....
....
....
....
....
....
....
....

5.12. **A continuación te presentamos una serie de situaciones misteriosas de difícil solución. Formula tus hipótesis para tratar de explicar lo sucedido. No olvides usar el futuro, el antefuturo o el pospretérito.**

1. Vas por la calle y, de repente, un desconocido te regala unas flores.

....
....
....
....
....

2. Yo tenía un profesor que siempre llevaba el mismo traje de color gris.

....

....

....

....

....

....

3. Llegas a tu casa y te encuentras la puerta abierta y la luz encendida... ¿Qué habrá pasado?

....

....

....

....

....

....

4. Es de noche... vas conduciendo tu carro por una carretera solitaria... de repente... una luz en el cielo... ¿Será un pájaro? ¿Será un avión? ¿Será...?

....

....

....

....

....

....

5. Principios del siglo XX en el corazón de África. Un hombre solo, criado entre los monos y sin ningún contacto con la civilización. Sin embargo, cuando conoció a Jane, estaba perfectamente afeitado y depilado.

....

....

....

....

....

....

6. ¡Por fin lo conseguiste! Estás en un restaurante romántico, con música suave y a la luz de las velas. Esa persona tan especial está contigo... pero tiene que ir al baño. Ya pasó más de media hora y aún no ha vuelto.

....

....

....

....

....

....

Unidad 6

6.1. Completa las siguientes frases con la forma correcta del verbo.

1. ▷ Estoy pensando que mañana tal vez (irse, yo) .... a dar una vuelta por la playa.

▶ ¡Uy! Pues el señor del estado del tiempo dijo que a lo mejor (llover) .... en la península de Yucatán.

2. ▷ ¿Cómo vas en el trabajo?

▶ Fatal, la verdad es que es imposible que para mañana (estar) .... terminado. Quizá (necesitar, yo) .... un poco más de tiempo.

3. ▷ Acabo de leer que, en el futuro, es más que probable que las computadoras (poder) .... tener reacciones humanas.

▶ ¡Sí, claro! Y a lo mejor los aviones (volar) .... solos. ¡Tú has visto demasiadas películas de ciencia ficción!

4. ▷ ¿Sabes una cosa? Puede que mis papás me (dejar) .... ir este verano a Seattle para estudiar inglés.

▶ ¿Para estudiar? Sí, sí... lo más probable es que (ir, tú) .... a Seattle para andar en los antros sin el control de tus papás.

5. ▷ Presenté una solicitud para ese puesto de trabajo... Quizá me lo (dar, ellos) ...., pero no estoy muy seguro.

▶ ¡Tranquilo! Lo más probable es que te (llamar, ellos) .... Tú tienes un currículum excelente.

6.2. Lee el siguiente texto y elige la forma adecuada del verbo.

La inteligencia artificial

El desarrollo de la inteligencia artificial suscita algunas cuestiones interesantes acerca de qué se *puede/pueda* esperar en el futuro de la humanidad. Por ejemplo, la convivencia de tres especies: los hombres, las máquinas y los híbridos o posthumanos, es decir, los hombres-máquina. Este y otros temas han sido tratados no solo por la ciencia ficción, sino también por científicos de todo el mundo. Debido a la velocidad de evolución de las nuevas tecnologías, es probable que en dos décadas los científicos *serán/sean* capaces de lograr el desarrollo de máquinas más inteligentes que el ser humano. Por otro lado, es muy posible que nuestra evolución *irá/vaya* unida a esa misma tecnología. Podríamos pensar que el ser humano, tal como lo conocemos hoy en día no *sea/será* el último eslabón en la cadena evolutiva y que en algunas décadas *encontremos/encontraremos* en la Tierra a los posthumanos, hombres y mujeres que *harán/hagan* uso de la tecnología para aumentar sus capacidades físicas, intelectuales y psicológicas. Pero puede ser que los seres humanos no *estamos/estemos* preparados para aceptar unos cambios tan rápidos en nuestra forma de vida. Además, es más que probable que todos estos avances nos *obligan/obliguen* a plantearnos una serie de preguntas de carácter moral.

6.3. ¿Sabes qué significa lo que soñaste anoche? Lee el siguiente texto, elige la opción que creas adecuada o correcta y descubrirás tus deseos ocultos.

Soñar con...

- **Accidente**
    a) necesitas aventuras
    b) el peligro te acecha
    c) necesitas un carro nuevo

- **Asesinato**
    a) algo en tu vida no te gusta
    b) tienes que hablar con tu pareja
    c) sientes miedo de la policía

- **Dientes**
    a) ganarás mucho dinero
    b) habrá cambios en tu vida
    c) tienes mucha agresividad contenida

- **Ahogarse**
    a) necesitas un baño
    b) te sientes inseguro/a
    c) tienes dificultades en tu vida

- **Desnudez**
    a) te sientes inseguro/a
    b) tienes miedo a la muerte
    c) odias las marcas del traje de baño

- **Puertas**
    a) algo bueno te espera
    b) debería estudiar para cerrajero
    c) no tienes complejos

6.4. Escribe a continuación una frase explicando qué opción elegiste y por qué. No olvides usar los marcadores de probabilidad, como en el ejemplo.

EXPLICACIONES:

1. Soñar con un accidente tal vez signifique que el peligro te acecha, porque un accidente es una situación de peligro que refleja nuestros temores de la vida cotidiana.

2. Soñar con ahogarse quizá quiera decir que

3.

4.

5.

6.

6.5. Selecciona uno de los verbos del recuadro y escríbelo en una forma correcta (subjuntivo o infinitivo) para completar el siguiente texto:

> poder • permitir • ser (2) • desaparecer • costar • cambiar • llegar
> deber • alargar • aumentar • haber • avanzar • crecer • proceder • diseñar • dotar

Son muchos los cambios que nos esperan en el futuro; nos encontraremos sin duda con muchas novedades, pero también es probable que muchas de las cosas que conocemos ahora .... Quizás .... incluir a los seres humanos en la lista de recursos comunes en peligro.

Muchos de los científicos que se dedican a la biotecnología creen que no es posible que la medicina .... sin hacer investigaciones y modificaciones genéticas.

Según ellos, la clonación de embriones conducirá a la clonación reproductiva e, incluso, probablemente, ... hacer modificaciones genéticas heredables. Algunos incluso defienden con entusiasmo "hijos a la carta" y "posthumanos" como la próxima novedad. Afirman que, dentro de una generación, es más que probable que .... niños "mejorados" con mayor resistencia a las enfermedades, más altos, con el peso adecuado y más inteligentes. Posteriormente dicen que será posible .... la personalidad, ... nuevas formas del cuerpo, ... la esperanza de vida y .... a los niños de una gran inteligencia.

Estos propulsores reconocen que las técnicas de ingeniería aplicadas a los bebés probablemente .... mucho dinero. Puede ser que la mayoría de los clones o los niños genéticamente "mejorados" .... de familias ricas. Por tanto, tal vez las tecnologías de ingeniería genética humana .... las desigualdades económicas.

Además, "Si el precio de la tecnología genética se hace más barato, igual que otras tecnologías avanzadas como la informática y la electrónica, quizá .... ser accesible a la mayoría de los miembros de la clase media en las sociedades occidentales. Y así tal vez .... las diferencias entre los países ricos y pobres".

Este futuro ¿es probable? Esperemos que no. A pesar de los logros de los científicos genéticos, los genes artificiales y los cromosomas puede que nunca .... tan fiables como se anuncian. Los bebés transgénicos puede que .... tan impredecibles y con tantas malfunciones, que nunca .... a ser una opción popular.

(Adaptado de *El Genoma como Bien Común*, Tom Athanasiou y Marcy Darnovsky, World Watch)

6.6. **En este ejercicio vamos a recordar las estructuras que aprendiste para formular hipótesis: futuro, antefuturo y pospretérito en la unidad 5 y los usos del subjuntivo de esta unidad. Completa las siguientes frases con la forma correcta del verbo.**

1. ▷ ¡Eh, Pancho! ¿Qué te pasa, que vas tan cabizbajo?

▶ Pues que no sé dónde (estar) .... mi carro.

▷ ¿No te lo (robar, ellos) .... ?

▶ Pues no lo sé, pero dondequiera que esté, mi carro es mío.

2. ▷ ¿Sabes que Antonio y Lupita se separan?

▶ ¡No me lo puedo creer! ¡Una pareja tan encantadora! Pero... ¿qué ha pasado, por Dios?

▷ Quien sabe, a lo mejor Lupita (descubrir) .... por fin que Antonio la engañaba con su secretaria.

▶ ¿Con su secretaria? Pero ¿cómo crees?

▷ No es posible que no lo (saber, tú) .... , si lo sabe todo el mundo.

3. ▷ Estoy muy preocupada por el futuro de mi amiga. ¿Qué (hacer, ella) .... de ahora en adelante?

▶ No te preocupes, probablemente (encontrar, ella) .... un trabajo más interesante y donde (poder, ella) .... desarrollar todas sus capacidades.

4. No vamos a terminar el trabajo a tiempo. Lo más seguro es que (tener, nosotros) .... que quedarnos a trabajar toda la noche.

5. ▷ ¿Te imaginas cómo (ser) .... la vida antes de tener agua potable y tratada?

▶ Pues no sé, pero la gente (bañarse) .... mucho menos y las mujeres (tener) .... que ir al río a lavar la ropa.

6. ▷ Es el tercer SMS que le envío a Jesús y no me contesta. ¿Por qué será?

▶ Ya sabes, lo típico: (quedarse, él) .... sin batería, no (tener, él) ....
saldo, probablemente no (poder, él) .... hablar contigo o... a lo mejor
no (querer, él) ....

7. ▷ ¿Sabes que Luisa está embarazada otra vez después de tantos años? ¿Qué (ser)
.... ? ¿(Querer, ella) .... otro niño?

▶ No sé, pero es posible que (estar, ella) .... embarazada de gemelos
porque en su familia hay antecedentes.

▷ Bueno, de todas maneras Enrique (ponerse) .... muy contento de
tener un hermanito... o hermanita.

8. ▷ Ayer en la fiesta se fue la luz y esta mañana Federico vino a clase con cara de felicidad. Me pregunto qué (hacer) .... mientras estuvimos sin luz.

▶ Pues, no sé... pero la última vez que lo vi estaba con Andrea, que también está muy sonriente hoy. Seguramente (ligar, ellos) ...., pero yo creo que lo más probable es que no (empezar, ellos) .... una relación seria.

6.7. **Formula tus hipótesis sobre las siguientes situaciones. Presta atención a los tiempos verbales que aparecen en ellas para saber si debes utilizar indicativo, subjuntivo, futuro de probabilidad o pospretérito. Fíjate en el ejemplo.**

1. ¿Cómo crees que serán los celulares del futuro?
Probablemente sean mucho más pequeños, los podremos llevar en el anillo, tal vez
funcionen simplemente con la voz y no necesitemos marcar el número

2. ¿Qué crees que haría ayer tu compañero de la izquierda después de clase?
....
....

3. ¿Cómo crees que es la vida cotidiana del presidente de tu país?
....
....

4. ¿Cómo crees que se divertirían los niños de la prehistoria?
....
....

5. ¿Cómo se hará una cochinita pibil?
....
....

6. ¿Qué crees que hace tu profesor después de clase?
....
....

7. ¿Cómo crees que se sentiría Neil Armstrong cuando llegó a la Luna?
....
....

6.8. **Completa las siguientes frases con adjetivos o pronombres indefinidos.**

1. ▷ ¿Tienes .... libro de filosofía tántrica?

▶ Sí, creo que en aquel estante tengo ....

2. ▷ ¿ .... sabe dónde está Diana? No sé nada de ella desde la semana pasada.

▶ Sí, yo la vi tomando .... en la cafetería.

3. ▷ Buenos días. ¿Tienen .... producto verdaderamente eficaz para eliminar las cucarachas?

▶ No, lo siento mucho, pero la Humanidad todavía no ha encontrado .... solución definitiva.

4. No hay .... en el refrigerador. El problema es que luego van a venir ....
.... amigos y no hay .... tienda donde poder comprar ....

5. .... personas opinan que .... debería usar el carro en el centro de las grandes ciudades.

6. No conozco a .... capaz de hablar más de cinco idiomas perfectamente.

6.9. Selecciona la opción correcta:

1. ¿Estás esperando a alguien / algo?

2. ¿Estás esperando alguien / algo?

3. He visto que hay algún / alguna problema con el aire acondicionado.

4. ¿Hay alguien / alguno interesado en este viaje?

5. ¿Hay alguien / algún cliente interesado en este viaje?

6. ▷ ¿Necesitas algún / alguno consejo?

▶ No, gracias, no necesito ninguno / ningún.

7. ¿Tienes algo / algunas monedas que me prestes?

8. ▷ ¿Qué tal la conferencia?

▶ Muy aburrida. No dijeron algo / nada interesante.

6.10. Lee el siguiente texto y contesta las preguntas.

Sociedades globalizadas

Itamar Rogovsky, un experto en gestión empresarial, comentó en una entrevista, que la aceleración que estamos viviendo en los últimos años no se va a detener, y que el desarrollo tecnológico hace que tengamos que tomar decisiones importantes en nuestro mundo profesional o personal sin apenas tener tiempo para meditar las consecuencias de nuestras decisiones. Dijo que había que responder a los correos electrónicos, que en cualquier momento podían interrumpirte llamándote al celular sin que tuvieras defensas, y no solo eso, también nos introducían noticias por la tele de forma inmediata. Rogovsky afirmó que esta aceleración tecnológica estaba aumentando y que no estábamos preparados.

¿Estamos preparados para una aceleración en nuestras vidas? ¿Lo estamos para vivir y desenvolvernos en unas sociedades globalizadas donde todo ocurre en cuestión de segundos? ¿Seremos testigos, en el siglo XXI, de una 'selección natural' donde solo sobrevivirán los más rápidos, los que hayan desarrollado mecanismos de respuestas inmediatas y acertadas?

Desde hace ya algún tiempo, los científicos vienen hablando de una sociedad futura caracterizada por un uso generalizado de las tecnologías de la comunicación que están creando una cultura víctima del estrés. La cultura posmoderna en la que se trabaja de día y de noche, en la que los negocios nunca se detienen y la televisión emite constantemente. Estamos entrando en lo que se denomina la Sociedad 24/7 (24 horas, 7 días de la semana, 365 días al año), y que ello comportará serios problemas de salud.

Nuestras sociedades son mundos donde se duerme cada vez menos, pobladas por gente que debido al uso constante de las tecnologías de comunicación —desde los celulares hasta las computadoras portátiles— son víctimas de una multitud de enfermedades: aumento del estrés cardiovascular, deterioro de la visión, desórdenes en el razonamiento, confusión, frustración, falta de generosidad y sobreestimación de la propia personalidad.

Hace tiempo se presentó en Barcelona, un prototipo de lo que podrían ser las casas habitables en la sociedad futura. Estas casas *inteligentes* han sido diseñadas para la convivencia familiar, el reposo, y el ocio, pero también para el trabajo, el aprendizaje escolar, las relaciones humanas, las visitas médicas, la proyección de espectáculos, la compra, etc.

¿Qué está ocurriendo a nuestro alrededor? ¿Realmente estamos entendiendo los cambios provocados por las nuevas tecnologías y cómo estas moldean nuestras vidas? ¿Qué significa vivir en sociedades globalizadas? El arquitecto Miquel Lacasta, dedicado a la Arquitectura Avanzada desde el estudio de investigación Archikubik, decía que significa pensar en que se puede estar teletrabajando para una multinacional del sudeste Asiático, con sedes en Nueva York, España y Londres. Cuando unos se paran, otros se ponen en marcha y que tanto unos como otros han de disfrutar de los mismos servicios públicos. Todo esto conlleva, un cambio de legislación (modificaciones o ampliaciones) para los comercios, porque alguien puede querer tener una comida de negocios a las 3 de la madrugada, o comprar la cosa más insólita a de madrugada...

6.11. Explica con tus propias palabras qué significa.

> Globalización • Selección natural • Estrés • Trabajo a distancia
> Deterioro de la visión • Sobreestimación de la propia personalidad

....
....
....
....
....
....
....
....
....

6.12. Escribe los antónimos de las siguientes palabras.

> Desarrollo • Consecuencia • Acertado • Esclavizar
> Gastar • Poblado • Generosidad • Distraerse

....
....
....
....
....
....
....
....

7.1. Alejandrino Tejas (un famoso criador de gallos) y Pamelly Ardersen (famosa actriz canadiense y defensora de los animales) se encuentran en una fiesta y empiezan a hablar sobre una de las tradiciones latinoamericanas más polémicas: los gallos. Completa los huecos con una forma correcta del indicativo o del subjuntivo.

P.A.: Me parece una vergüenza que ustedes, los latinos, (mantener) _Mant_ .... en la actualidad una costumbre tan horrible como las peleas de gallos.

A.T.: Pero, ¿por qué? Es importante que nosotros, los latinos, (conservar) .... nuestras tradiciones y que (transmitir) .... nuestra cultura a nuestros hijos.

P.A.: Pero, pero... ¿Es posible que (llevar, ustedes) .... a sus hijos a ver esos espectáculos? ¡Son ustedes unos salvajes! Me parece que (ser) .... una barbaridad.

A.T.: Pues yo creo que ustedes, los extranjeros, no (comprender) .... en qué consiste esta tradición y no (darse cuenta) .... de la importancia que tiene para la cultura y la economía.

P.A.: Pues yo no estoy de acuerdo con usted.

7.2. Keiko Yamamoto y Wolfram Schnelle son dos estudiantes de español que están practicando las estructuras de opinión y valoración, mientras discuten sobre la caza de ballenas. Completa los verbos con una forma correcta del indicativo o del subjuntivo.

W.S.: ¿Es cierto que en Japón todavía (cazar, ustedes) .... ballenas?

K.Y.: Así es, pero menos que antes. Es una lástima que (ser) .... tan difícil encontrar carne de ballena en las tiendas, porque está muy buena.

W.S.: Ok, Keiko, yo entiendo que es una parte de su gastronomía, pero me parece que (estar) .... fatal que no (respetar, ustedes) .... los acuerdos internacionales sobre la caza de ballenas.

K.Y.: Sí, Wolfram, entiendo tu punto de vista, pero es muy difícil que un acuerdo internacional (cambiar) .... las costumbres y la economía de un país.

W.S.: Es lógico que (defender, tú) .... las costumbres de tu país, pero es evidente que no (estar, nosotros) .... de acuerdo.

K.Y.: De todas formas, Wolfram, solo estamos hablando tú y yo. ¿Por qué no escuchamos la opinión de nuestros compañeros? Creo que aquí hay gente de Noruega...

7.3. Completa el texto con los conectores del recuadro.

> ya que • además • por otra parte • para empezar
> por último • puesto que • por un lado
> en definitiva • por otro lado • respecto a • por una parte

..............................., es necesario dejar bien claro por qué se fuma: fumar no es un hábito, sino una drogadicción. Fumar tabaco cumple con todos los criterios que definen el consumo de una sustancia como una drogadicción; ...., crea un síndrome de dependencia en el fumador y, ..., provoca un síndrome de abstinencia en ausencia de la droga. .... genera en los fumadores un comportamiento compulsivo provocado por el deseo de satisfacer su necesidad.

.... la dependencia que produce el hábito de fumar tenemos, ..., la dependencia física provocada directamente por la nicotina y, ..., existe una dependencia psicológica .... el hábito de fumar se ha convertido en una compañía en todo tipo de situaciones, después de las comidas, con el café, al hablar por teléfono, etc., y parece imposible cambiar esta relación. ...., existe la llamada dependencia social; el fumar sigue siendo un acto social, se hace en grupos, en ciertas reuniones de ocio, en cenas con los amigos y, sobre todo, sigue siendo un hábito que distingue a ciertos grupos de adolescentes dándoles un equivocado valor social de rebeldía y de madurez.

..................................., debemos dejar el cigarro .... su consumo constituye la principal causa de enfermedad y mortalidad evitables en los países desarrollados.

7.4. **Completa ahora el siguiente texto con los conectores adecuados.**

> por otra parte • además • sin embargo • en definitiva
> en primer lugar • por una parte
> sin embargo • en segundo lugar • en cuanto a

Parece claro que la mayoría de los gobiernos de los países industrializados están decididos a conseguir que sus ciudadanos dejen de fumar, ..., lo que no está tan claro es el sistema que usan dichos gobiernos.

..............................., los fumadores, cada vez más, son obligados a fumar en auténticas "jaulas" o a la intemperie, padeciendo unas condiciones climáticas muy duras.

......................................, la televisión, la radio y los periódicos están saturados con información acerca de la prohibición de fumar y con noticias de demandas contra las compañías tabacaleras. ...., cualquier noticia científica que demuestra que el humo ajeno no es peligroso para la salud ni siquiera se publica. Estas campañas antitabaco generan, ..., una imagen del fumador como un *asesino de los no fumadores*.

.... las zonas de fumadores, no siempre las hay pero son generalmente incómodas y pequeñas.

..............................., nuestra sociedad considera, ..., que los fumadores son enfermos a los que hay que ayudar a dejar su adicción y, ..., genera un clima de odio y de persecución a los fumadores que no beneficia a nadie.

7.5. **Escribe el verbo en la forma correcta.**

1. ▷ Mira, Graciela, el periódico dice que México va bien.

▶ ¿Ah,sí? Pues a mí no me parece que (ir) .... tan bien.

2. ▷ Yo creo que los chiles rellenos (estar) .... mejor rellenos de atún. ¿A ti qué te parece?

▶ A mi me parece que no (tener, tú) .... ni idea de lo que estás diciendo. Yo creo que el queso (ser) .... el mejor ingrediente que pueden llevar.

3. ▷ ¿Quién crees que (ser) .... el mejor superhéroe de la historia? ¿El Santo o Kalimán?

► La verdad es que a mí no me parece que El Santo (ser) .... un superhéroe, solo es un tipo duro disfrazado con máscara, capa y botas. Yo pienso que, para
ser un superhéroe, los superpoderes (ser) .... imprescindibles.

4. ▷ Yo no creo que (estar) .... mal incluir en este ejercicio la pregunta "¿No crees que el aire acondicionado está demasiado fuerte?", porque los alum-
nos nunca entienden por qué no lleva subjuntivo.

► ¿Y por qué no lleva subjuntivo?
▷ Pues porque equivale a decir: "yo creo que el aire acondicionado (estar) ....
demasiado fuerte, ¿no crees?".

5. ▷ Pues mi hermano me dijo que él no cree que los Reyes Magos (ser) .... los
papás.

► Pues yo creo que no (existir) .... los Reyes porque no creo que
(tener) .... tiempo de recorrer todo el mundo en una sola noche.
▷ ¡Pero cómo dices! ¿No ves que son Magos?

7.6. **Completa con la forma correcta.**

1. A mí me parece que no (ser) ....es............... justo que la vivienda en México (costar) ....cueste............. tanto dinero.

2. Me parece una buena idea que en las empresas (haber) .....hayan.......... guarderías
para los hijos de los empleados. Me parece que la idea (venir) ....viene........... de
Suecia.

3. Yo creo que (ser) ....es............... lógico que (pagar) .....paguen........ más
impuestos las personas que ganan más dinero.

4. Está claro que el mundo (atravesar) .....atraviesa...... una situación de crisis, pero a mí
no me parece que (ser) ....es.............. la peor crisis de la Historia.

5. A mí no me parece bien que los científicos (dedicarse) .....se dediquen...... a descubrir
cómo elegir el sexo de tus hijos. No creo que el ser humano (deber) ....diba................
jugar a ser Dios.

6. Consideramos necesario que los gobiernos occidentales (asumir) .....asuman......... su
responsabilidad hacia los países menos favorecidos.

7. Es necesario que los estudiantes (estudiar) ....estudien............ el subjuntivo, pero es
lógico que al principio les (costar) ....cueste............... trabajo usarlo.

7.7. **A partir de los elementos que te damos, escribe minidiálogos en los que se pregunte
por la opinión, se exprese valoración, acuerdo y desacuerdo, se exprese la opinión o se
confirme una realidad.**

Ejemplo: *Matrix 2; bien hecha*　　*Padrísima;*　　　　*No valer nada, está horrible;*
　　　　　　　　　　　　　　　mucha imaginación　*no lógica*

▷ *Ayer fui a ver Matrix 2. Me parece una película muy bien hecha. ¿Qué piensan ustedes?*

► *A mí me parece una padrísima película, con mucha imaginación.*

▷ *¿Cómo eres? En mi opinión no vale nada, está horrible, creo que no tiene ninguna lógica.*

1.　Nueva falda Maribel;　　Original; quedar fatal　　No quedar tan mal;
　　muy original　　　　　　　　　　　　　　　　un poco ancha

▷ ....

► ....

▷ ....

2. Nuevo novio de   Educado y formal   Mostrar desacuerdo;
María Fernanda   claro, ser un vándalo

▷ ....

► ....

▷ ....

3. No seguro poder ir expo-   Pena; interesante   Interesante ver exposición
sición de Diego Rivera   pedir opinión   Diego Rivera

▷ ....

► ....

▷ ....

4. Preguntar opinión fusión   Evidente innovación;   Expresar desacuerdo; claro,
ritmos música   error mezclar estilos   evolución; bueno fomentar
                                                         fusión estilos

▷ ....

► ....

▷ ....

7.8. **Completa los huecos del texto con los conectores y verbos de los cuadros de abajo. No te olvides de poner el verbo en indicativo o subjuntivo según la estructura de opinión o valoración que lo acompaña.**

¿Hacia dónde vamos?

Ya no sé a qué santo encomendarme para que la situación cambie en mi país, tengo unas ganas enormes de gritar y hacer que todas las personas de este país escuchen lo que voy a decir.

(1) .... me parece una vergüenza que esta sociedad no (2) .... del problema más importante en la vida de la mayoría de los ciudadanos mexicanos: la economía. Vivir en México se va a volver cada vez más caro. (3) .... la manutención del Gobierno va a depender de nosotros y habría que preguntarse: ¿hacia dónde vamos con esta crisis que no va a permitir que la clase media mexicana pueda ganar más de lo que gasta?

Habría que repasar una y otra vez "*El laberinto de la soledad*" del preclaro Octavio Paz para entender qué es lo que nos pasa, para entendernos como sociedad, (4) .... a la vuelta de miles de años no hemos encontrado una identidad que nos permita apreciarnos como mexicanos.

Por favor, puede que (5) .... al borde, ya por costumbre centenaria, ya por la crisis mundial y nacional, de una revuelta social en la que, desgraciadamente los culpables de nuestra situación, no pagarán ni con sangre, ni con cárcel, su ominosa responsabilidad.

(6) .... la Secretaría de Hacienda y Crédito Público (7) ...., como medida emergente, más aumento de impuestos a tabaco, cerveza y sorteos.

(8) ...., creo que (9) .... enojar al pueblo, porque solo borracho se puede soportar esta crisis.

(Adaptado de *http://www.adnsureste.info*)

Conectores	Verbos
• porque • teniendo esto en cuenta para empezar • en definitiva para terminar	estar • proponer ser • querer darse cuenta

7.9. **Lee este texto.**

Los animales son mi vida y mi fuente de inspiración

Ernesto recuerda que cuando tenía tres años, su abuelo José Ortiz Tamariz le llevaba con frecuencia a la finca familiar en Rayoloma, en cuyos espacios, naturalmente ricos, se deleitaba con caballos, burros, vacas y mulas. Además de los pájaros, era común cruzarse con los perros y gatos. Él cree que el gusto por los animales se lo trasmitió su abuelo.

Desde los ocho años Arbeláez les pedía a sus padres que en lugar de juguetes le regalaran animales o libros. No dejaba de leer sobre animales, cada día le gustaba más y poco a poco fue descubriendo lo que quería en su vida.

Con los años esa afición por los animales se desarrolló con anfibios, reptiles, arácnidos o nuevas especies. A los 17 años se volcó en firme hacia lo suyo. Viajó a Arcansas, Estados Unidos, para trabajar como voluntario por cinco meses en Reptil House, un zoológico del lugar donde cuidó y monitoreó la reproducción de serpientes y cascabeles.

Al regreso, uno de sus más importantes sueños se encaramó gracias a aquella experiencia. Habilitó un espacio en su casa con las condiciones idóneas para preservar a 30 variedades de iguanas y tortugas, tres variedades de serpientes y más de 10 peces. Desde esa época, cuando tenía 18 años, los animales se transformaron en su prioridad. Siguió la carrera de biología en la Universidad del Azuay. Sin embargo, fue antes de terminarla, en 2001, en el segundo año, que inició con el proyecto del zoológico Amaru, que se inauguró el 30 de octubre de 2002.

Hoy, después de siete años, el zoológico tiene 400 metros cuadrados y allí habitan 110 especies entre anfibios, aves, reptiles, invertebrados, arácnidos y peces. Un equipo de biólogos encabezado por él administra el lugar que diariamente recibe a decenas de visitantes de todas las edades.

(Adaptado de http://www.eltiempo.com.ec)

7.10. En el texto aparecen mencionados los nombres de diversos animales. En español son muy habituales las expresiones idiomáticas en las que aparecen nombres de animales. Relaciona cada expresión con su definición.

1. A caballo regalado no le mires el diente.

2. Trabajar como un burro.

3. Ser más terco que una mula.

4. Tener pájaros en la cabeza.

5. Llevar una vida de perros.

6. Buscarle tres pies al gato.

7. Hablar como un loro.

A. Hablar mucho, mucho, mucho.

B. Complicar sin necesidad una situación.

C. Si nos hacen un regalo, no debemos criticarlo.

D. Trabajar duramente, sin descanso.

E. Ser una persona sin sentido común.

F. Se dice de las personas que son muy obstinadas y cabezotas.

G. Tener una vida desgraciada y con grandes dificultades.

1	2	3	4	5	6	7
☐	☐	☐	☐	☐	☐	☐

7.11. A continuación tienes los nombres de otros animales. Escribe el nombre correcto en cada frase y aprenderás otras expresiones.

> burro • borrego • perro • gatos • gallina
> fiera • mosquito • gato • ostra

1. Juan y Martha se llevan muy mal, están todo el día como el .... *perro* .... y el ...... *gato* ....

2. Cuando le dije la verdad se enojó muchísimo, se puso como una ...... *fiera* ....

3. Carlos no aprobó el semestre, es un ...... *burro* ...... en matemáticas.

4. A mí me parece que ese chavo es tontísimo, creo que tiene un cerebro de ...... *mosquito* ....

5. Anoche fuimos a un antro pero no había casi nadie, éramos cuatro ...... *gatos* ....

6. ¡No seas ...... *borrego* ......! Siempre haces lo que hacen otros sin pensar por ti mismo.

7. Algunas veces, cuando estudio el subjuntivo me aburro como una ...... *ostra* ....

8. Ayer vi una película de muchísimo miedo, todavía se me pone la piel de ...... *gallina* ....

8.1. Completa las frases con la forma correcta de los verbos *ser/estar*.

1. ▷ Hola Maribel, ¿cómo .... Pancho?

    ▶ Pues .... un poco mejor, pero sigue en cama.

2. ▷ ¿De dónde .... estas naranjas?

    ▶ .... de Veracruz.

3. El chavo de la primera fila .... quien me llevó en carro.

4. ▷ Tus hijos .... muy altos para la edad que tienen.

    ▶ La verdad es que sí, ... altísimos como su papá.

5. ▷ ¿Viste mis llaves? No sé dónde ....

    ▶ Seguro que las dejaste puestas, como siempre.

6. Alexandre y Rosángela .... brasileños.

7. ▷ ¿No .... demasiado joven para viajar solo?

    ▶ No, ya tengo 17 años.

8. ▷ ¿Y Miguel?

    ▶ .... hablando por teléfono, ahorita sale.

9. ¿A cuánto .... hoy los jitomates?

10. ▷ ¿Dónde trabaja José Javier?

    ▶ Ahorita .... de jefe de ventas, pero .... contador público.

11. ▷ Teníamos una cerveza y unas botanas.

    ▶ Pues, ... $ 10 pesos.

12. ▷ ¿Cuándo .... el cumpleaños de María?

    ▶ Pues si hoy .... a 15, su cumpleaños .... dentro de tres días, el 18.

13. ▷ ¿Dónde .... la fiesta de Alejandro?

    ▶ En el antro que .... al lado de su casa.

14. Hoy fui al mercado y los jitomates .... carísimos. ¡Qué cara .... la vida!

15. ¡Qué chamarra tan bonita! ¿............................. de piel?

16. ¿Ya viste la ventana? .... rota.

17. ▷ Estos libros .... de Jaime. ¿Se los puedes llevar?

    ▶ Claro, mañana se los llevo.

18. ▷ ¡............................. increíble lo caros que están los departamentos!

    ▶ Sí, ... claro que es un problema que tiene que resolver el gobierno.

8.2. Indica cuál es el uso del verbo *ser/estar* en las frases del ejercicio anterior.

1. estado temporal / estado temporal
2. .... / ....
3. ....
4. .... / ....
5. ....
6. ....
7. ....
8. ....
9. ....

10. .... / ....
11. ....
12. .... / .... / ....
13. .... / ....
14. .... / ....
15. ....
16. ....
17. ....
18. .... / ....

8.3. Completa las frases con la forma correcta de los verbos *ser/estar*.

1. ▷ Nosotros ya .... listos para salir, ¿y ustedes?

   ► Pues nosotros no. Yo .... hasta el copete, llevo una hora esperando a Mariana.

2. Roberto .... muy orgulloso. No tiene trabajo y va justo de dinero, pero por no pedir dinero a nadie es capaz de pasar hambre.

3. Sofía .... muy generosa. Cada Navidad hace regalos a todos los compañeros de trabajo.

4. Ayer vi a Juan Luis. ¡Qué elegante .... con su traje nuevo!

5. El hijo de la vecina .... muy listo, aprendió a leer él solito.

6. ▷ ¡No lo puedo creer! Ángela .... muy simpática últimamente.

   ► Sí, es que está enamorada.

7. ▷ José nunca .... atento cuando hablamos y hay que repetir las cosas varias veces.

   ► Sí, es verdad, pero .... tan atento que se le puede perdonar cualquier defecto.

8. ▷ ¿Ya probaste este pastel? .... malísimo, parece que es de ayer.

   ► ¡Qué dices! Yo también lo comí y .... muy rico.

9. Felipe siempre está presumiendo de que .... verde, pero yo creo que aún .... verde en todos los temas de reciclaje.

10. Lola y Fernando .... muy orgullosos de la fiesta que organizaron la semana pasada. La verdad es que les salió todo perfecto.

11. Patricia no .... bien, por eso se fue a casa esta mañana.

12. Este niño .... malo. No hay manera de que obedezca a sus papás y no les pegue a sus compañeros.

13. Pablo .... muy amable siempre, pero desde hace unas semanas .... muy antipático, no sé qué le pasa.

14. Cuando llegué anoche de la fiesta, mi mamá aún .... despierta.

15. Las fresas de Irapuato Guanajuato .... buenísimas, tienen una calidad extraordinaria.

16. Fernando no vino a trabajar, ... malo, tiene fiebre.

17. Jorgito .... un niño muy despierto. Tiene cuatro años y ya sabe leer.

8.4. Completa las siguientes frases con una de las expresiones idiomáticas del cuadro.

> ser un codo • estar bruja • estar como un palillo
> estar como pez en el agua • estar como león enjaulado • estar rendido • ser un
> fresa • ser un aguafiestas • ser uña y carne • estar en blanco • ser un barbero

1. ▷ ¿Ya viste qué delgada está Josefina?
   ▶ Sí, es verdad, *estar como un palillo*. Si sigue así tendrá que ir a la sección infantil para comprarse la ropa.

2. A José Luis no le gusta gastar su dinero. Siempre invita al cine a su novia los miércoles que es dos por uno. *Ser un codo*

3. Jorge *ser una fresa*, es muy superficial, le importa mucho usar ropa de marcas famosas, y solamente va a los lugares exclusivos y de moda.

4. Juan Antonio no conocía a nadie en la fiesta, pero *estar como pez en el agua*, hacía bromas y hablaba con todos.

5. Pablo siempre va detrás del jefe. Le lleva el café, le hace mandados fuera de su hora de trabajo, *es un barbero*.

6. No podemos ir al concierto de Maná, *estar en blanco*.

7. Ayer vi a Felipe y a Alejandro y *estar como león enjaulado*. Iban de un lado al otro de la calle gritando y dando patadas a todo, parecían chamaquitos.

8. Cuando llegué a casa, mi mamá y mi hermana *estaban rendidas*. Se pasaron toda la tarde en el gimnasio.

9. Susana *ser una aguafiestas*, siempre que queremos organizar una salida o una fiesta con todo el grupo de clase ella tiene que decir que no.

10. Desde que conozco a Luz y a Sonia siempre las he visto juntas. Fueron a las mismas escuelas, estudiaron la misma carrera y hasta se casaron el mismo día. *ser uña y carne*

11. .... en geometría y mañana tengo el examen. Segurísimo que lo repruebo.

8.5. Completa las frases con la forma *que/donde* + el indicativo del verbo entre paréntesis.

1. Es una cosa (meter, tú) ......*donde metes*.......... la agenda, las llaves de casa, la pluma, el celular...

2. Es algo (utilizar, tú) .... para navegar por internet.

3. Es un lugar por (ir) ....*donde van*..........los carros a gran velocidad.

4. Es algo (escribir, tú) .... tus secretos más íntimos.

5. Es una cosa (ponerse, tú) .... en la cabeza para evitar fracturas cuando tienes un accidente.

6. Es un lugar (viajar, tú) .... cuando quieres relajarte.

7. Es algo (buscar, tú) .... información cuando no conoces nada sobre el tema.

8. Es algo (comer, tú) .... en verano cuando hace mucho calor.

9. Es un lugar (vivir) .... animales en cautividad.

10. Es una máquina (servir) .... para mantener las cosas frescas.

11. Es un lugar (ir, tú) .... a estudiar, leer o tomar libros prestados.

12. Es una cosa (poner, tú) .... en las ventanas para que no entre la luz.

8.6. Relaciona las definiciones anteriores con las siguientes palabras.

> biblioteca • sandía • bolsa
> ratón • persiana • sección amarilla
> casco • isla desierta • autopista
> diario • refrigerador • zoológico

1. ....
2. ....
3. ......autopista......

4. ....
5. ....
6. ....

7. ....
8. ....
9. ....

10. ....
11. ....
12. ....

8.7. Completa las frases con *que/donde* + indicativo/subjuntivo.

1. Esta mañana vi al chavo (conocer, nosotras) ....que conocimos...... ayer.

2. Estoy haciendo un trabajo de ciencias y necesito un libro (tratar) .... de la lluvia ácida.

3. ▷ El cine empieza a las nueve, ¿dónde quedamos de vernos?

   ► (Querer, tú) .... Yo voy en moto y no tengo problemas de estacionamiento.

4. Luis está buscando alguna cosa (servir) .... para unir cartón y plástico.

5. Pásale a Lucía el pegamento (servir) .... para pegar papel y madera.

6. La semana pasada estuvimos en el hotel (pasar, yo) .... la luna de miel con mi primer marido.

7. Pedro y Anabel quieren comprarse un departamento (estar) .... céntrico y no muy caro.

8. ▷ ¡Tu primera cita! ¿Dónde van a ir a cenar?

   ► No sé, pero Juan Carlos quiere que vayamos a un restaurante (ser) .... especial y (haber) .... música en vivo.

9. Hoy derribaron la casa (vivir, nosotros) .... nuestros mejores momentos.

10. ▷ ¿Dónde vas a ir de vacaciones este verano?

    ► Pues como pagan mis papás, iré (querer) .... ellos.

11. ▷ ¿Qué va a necesitar?

    ► No sé, quizá una secretaria y un par de personas (atender) .... el teléfono y la recepción.

12. Nunca he conocido a nadie (poder) .... hablar con fluidez más de tres idiomas diferentes.

13. ¿Sabes si hay alguien en tu clase (querer) .... comprar un gatito? Es que la gata (tener) .... mis papás tuvo crías.

14. El pueblo (estar, nosotros) .... el año pasado es mi lugar favorito para pasar las vacaciones.

15. No, lo siento, me parece que no hay nadie (estar) .... dispuesto a ayudarte con la mudanza.

8.8. Lee el siguiente texto.

QUÉ OPINAN REALMENTE LAS MUJERES DEL CUERPO DE LOS HOMBRES

Los caballeros las prefieren rubias, y las mujeres, ¿cómo los prefieren?

Demasiado altos, muy velludos, flacos, gordos, bajos, morenos, blancos, etc.

Más de 3000 mujeres fueron entrevistadas. Las mujeres que participaron en este estudio, fueron invitadas a describir lo que les gusta o les disgusta, lo que les obsesiona, lo que les atrae, lo que les despierta la pasión, y lo que les mata. El olor natural del cuerpo, los ojos, las manos grandes y la piel velluda son unas de las características que más agradan a las mujeres. Para muchas, una piel sin pelo es demasiado femenina. Dicen que en gustos se rompen géneros, así que, los resultados de la encuesta son verdaderamente sorprendentes:

¿Cuáles son los músculos más "sexys"?:

- 50% de las mujeres dijo que los bíceps y los brazos.

- 14% piensa que los músculos del abdomen.

- 18% opinó que el pecho, el 9% la espalda, 9% las piernas y el trasero, aunque el 83% admitió poner mucha atención en el trasero cuando veía caminar a un hombre. Respecto al pelo, al 80% no le interesa si es calvo o si está perdiendo el pelo. Acerca de los labios, el 59% dijo que prefieren los labios gruesos, los labios delgados son de muchacha.

- Al 22% le gusta el estómago "de lavadero", aunque admite que es muy raro encontrar hombres con esta característica, por lo que lo considera irrelevante.

- El 28% prefiere salir con hombres de cuerpo "normal".

- Al 84% le gustan los hombres más altos que ellas, al 16% esto no le importa.

- El 73% dice que los hombres con pedicure son demasiado vanidosos, mientras que el 27% no tiene problema con esto.

- El 13% dice que las piernas largas y delgadas son muy atractivas, el 87% dice que ni siquiera lo nota. El 3% dice que le gusta la piel muy bronceada, el 47% le gusta poco bronceada, el 50% dice que esto no es una prioridad.

- El 60% prefiere el olor natural del cuerpo al de cualquier perfume o loción.

Un aspecto interesante del estudio, en que todas coinciden, es en que el factor "matapasiones" número uno es una imagen descuidada por completo. Todas coinciden en que no toleran el mal aliento, y piensan que el mejor afrodisíaco es la higiene, el cuidado personal, una barba afeitada y un aroma limpio.

(Adaptado de la revista *Glamour*)

8.9. Contesta verdadero o falso a las siguientes afirmaciones.

	verdadero	falso
1. El mejor afrodisíaco para las mujeres es el poder y el dinero.		☑
2. La revista *Glamour* entrevistó a 5000 mujeres de todo el mundo.		☑
3. A la mayoría de las mujeres les gustan los calvos.		☑
4. Muchas mujeres ponen atención en el trasero cuando los hombres caminan.	☑	
5. A las mujeres les gustan los hombres que prestan mucha atención a su apariencia.		☑
6. A todas las mujeres les gusta el mismo tipo de hombres.		☑
7. Todas opinan que la higiene y el cuidado personal es un aspecto importante.	☑	

8.10. Busca en el texto las palabras y expresiones que se puedan clasificar en la tabla que tienes a continuación.

Adjetivos de descripción	Partes del cuerpo	Aseo personal

8.11. Completa los siguientes anuncios con los verbos del recuadro en la forma correcta:

> atravesar • hablar • desplazarse • temblar • tener (3)
> dar • dominar • oponerse • ser (3) • poder • pertenecer
> lucir • mover • sentir • traer

PRÍNCIPE AZUL DEL CUENTO,

preocupado por la futura sucesión, busca señorita que .... don de gentes, que .... varios idiomas (el español es obligatorio), que .... el protocolo internacional, que .... alta y rubia y que............................, preferiblemente, a una familia de la realeza europea.

Contacto: PALACIO REAL

FANTASMA PARA CASTILLO ENCANTADO

Necesitamos fantasmas que .... con sigilo, que .... adoptar diferentes formas, que .... miedo, que .... sus propias cadenas, que .... las paredes y .... objetos.

Interesados: aparecerse en el castillo del Conde Drácula

Gran Circo De los Hermanos Popov

Necesita león que no .... miedo, que .... feroz y salvaje, que no............................ ante el fuego, que............................ una melena majestuosa y rubia y que .... unos dientes afilados.

Contacto:
domamiaupopov@hotmail.com

Joven esposa

residente en el corazón de África busca profesor de "etiqueta" para su amado esposo. Se necesita una persona que .... aventurera, que .... paciencia y no .... a compartir mesa y mantel con nuestra querida mascota Chita.

Contacto: JANE.

9.1. Completa las siguientes frases con la forma correcta del indicativo o del subjuntivo.

1. Cuando (hacerse, tú) .... el *piercing* y (enseñar) .... el ombligo te verás mucho más sexy.

2. Cuando (llegar, yo) .... a casa después de un largo día de trabajo, lo único que se me antoja es tomar un baño de espuma y relajarme.

3. Me gusta ir a la playa cuando (haber) .... tormenta para ver el mar embravecido.

4. No te olvides de la toalla cuando (ir) .... a la playa.

5. ¿Piensas hacer una gran fiesta cuando (saber) .... el subjuntivo perfecta- mente?

6. A Pinocho, cuando (mentir) .... le crece la nariz.

7. No tengo mucho tiempo pero, cuando (poder) ...., me gusta hacer un poco de deporte.

8. Ya sé que no tienes mucho tiempo pero, cuando (poder) ...., ven a mi casa y tomaremos algo.

9. Cuando me (sobrar) .... tiempo, doy un largo paseo por el parque.

9.2. Completa las frases siguientes con el verbo en el tiempo correcto.

1. Muchos niños dicen que, cuando (crecer) ...., quieren ser policías o bom- beros.

2. ¿Qué querías ser tú cuando (ser) .... niño?

3. ¿Recuerdas? Cuando (abrir, nosotros) .... la tienda de regalos (ser) .... Navidad y (nevar) .... mucho.

4. Últimamente Luisa está muy rara; cuando me (ver, ella) ...., se hace la disimulada y no quiere hablar conmigo, pero ya estoy harta; hoy, en cuanto la (ver, yo) .... voy a preguntarle qué le pasa.

5. Cuando (venir, nosotros) .... a México pensábamos que siempre hacía calor. Cuando (volver, nosotros) .... a nuestro país, les diremos a nuestros amigos que en México también hace frío.

6. Mis vecinas son muy escandalosas. Cuando (llegar) .... a casa hacen mucho ruido.

7. Cuando Marisa (regresar) .... de Brasil, le vamos a regalar un ramo de flores porque es una persona estupenda.

8. Cuando (llegar, tú) .... a casa, llámame, por favor.

9. Antes, cuando (poder, nosotros) ...., siempre (pasar, nosotros) .... los fines de semana fuera de casa.

9.3. Completa las frases siguientes con los verbos del recuadro en la forma correcta de infinitivo, indicativo o subjuntivo.

> tener • terminar • preparar • aparecer • estar • irse
> firmar • visitar • llamar • rodar • viajar

1. Cuando ....tengo............. un examen, me pongo muy nervioso.
2. Antes de .... de viaje, tienes que vacunarte.
3. No nos iremos hasta que nos .... (ustedes) por teléfono.
4. Tan pronto como .... la película, nos iremos.
5. Después de que (ellos) .... el contrato, firmaremos nosotros.
6. Cada vez que .... en barco, se marea.
7. Mientras Javier .... la cena, tú puedes hacer la tarea.
8. Se fue de la sala nada más .... el actor principal.
9. Después de .... el corto, comenzó con un largometraje.
10. Siempre que .... a Dolores, nos invitaba a un carnavalito.
11. Cuando .... jubilados, daremos la vuelta al mundo.

9.4. Clasifica las frases anteriores según el matiz temporal que añaden al verbo principal.

A. Acción habitual: ☐   E. Acción posterior: ☐ ☐

B. Acción repetida: 6 ☐   F. Límite de acción: ☐

C. Acción anterior: ☐   G. Acción simultánea ☐

D. Acción inmediatamente posterior: ☐ ☐   H. Acción futura: ☐

9.5. Relaciona las dos columnas y forma frases con sentido:

1. No cantaremos   A. yo ya estoy esperándote.
2. Compraremos las entradas   B. no sabía que era tan bonita.
3. Después de enviar la carta,   C. hasta que no nos paguen.
4. Antes de visitar esta ciudad,   D. me dicen que no está.
5. Mientras él hablaba de política,   E. yo ya habré llegado.
6. Cada vez que voy a verla,   F. tan pronto como las pongan a la venta.
7. Nada más salieron de la reunión,   G. su jefe se dedicaba a jugar con la computadora.
8. Siempre que vienes,   H. supe que había cambiado de domicilio.
9. Antes de que terminen el informe,   I. se pusieron a fumar sin parar.

1	2	3	4	5	6	7	8	9
C	☐	☐	☐	☐	☐	☐	☐	☐

Ejemplo: *1-C* ➡ *No cantaremos hasta que no nos paguen.*

2. ....
3. ....
4. ....
5. ....

6. ....

7. ....

8. ....

9. ....

9.6. **Completa las siguientes frases con los marcadores temporales del recuadro.**

> • mientras tanto • hasta que • nada más • en cuanto
> • después de que • al cabo de • cada vez que • antes de
> • después • mientras • antes de que • más tarde

1. ▷ ¿Cómo estuvo la reunión de ayer?

▶ Pues mal, ... llegaron José y Antonio empezó una pelea entre ellos y el encargado y no pudimos seguir.

2. ▷ ¿Cómo están los preparativos para la fiesta de Luis?

▶ Regular, ... intentábamos hablar de la fiesta, Luis aparecía como un fantasma y teníamos que cambiar de tema.

3. ▷ ¿Ya está todo listo?

▶ No, pero .... llegue Jaime lo tiene que estar. Si no queremos recibir una buena regañada.

▷ ¿Y cómo nos vamos a organizar para hacerlo todo?

▶ Pues mira, yo voy limpiando la sala y .... tú limpias la cocina. .... ya veremos.

4. ▷ ¿Cuándo empezaste a trabajar aquí?

▶ Unos meses .... terminar la carrera, en febrero.

5. ▷ ¡Mamá! ¿Cuándo nos vamos al cine?

▶ .... no termines la tarea no nos iremos.

6. ▷ ¿Vas a ver hoy a Fernando?

▶ Sí, pero .... termine su sesión de yoga.

7. ▷ ¿Cómo te fue en el examen de filosofía?

▶ ¡Muy bien! .... que al empezar, el profesor tuvo que salir y estuvimos toda la hora solos. Ya te puedes imaginar.

8. ▷ ¿Va a venir José Fernando a la fiesta?

▶ .... yo viva aquí, él no entrará en mi casa.

9. ▷ ¿Ya te enteraste de lo de Marisol?

▶ No, dime.

▷ Pues que conoció a un chavo y .... dos semanas se fueron a vivir juntos.

10. ▷ ¿Ya viste la suerte que ha tenido Sebastián? Empezó a trabajar y un mes .... ya era encargado.

▶ Bueno, es que es muy trabajador. Se lo merece.

9.7. Aquí tienes algunas de las fábulas más famosas; completa los verbos de manera correcta para poder leerlas. Todas las fábulas tienen una enseñanza. ¿Cuál crees que es la moraleja de estas dos historias?

El cuento de la Lechera

La hija de un granjero llevaba en la cabeza un cántaro lleno de leche fresca para venderla en el mercado. Mientras caminaba, la lechera empezó a pensar y a hacer planes para el futuro...

"Con parte de la leche de este cántaro obtendré nata y, cuando (obtener) ...*obtenga*... la nata, la (convertir) ...*convertiré*... en mantequilla y la venderé en el mercado. Cuando (vender) ...*venda*... la mantequilla, (comprar) ...*compraré*... pollitos. Cuando los pollitos (ser) ...*sean*... grandes, (vender) ...*venderé*... algunos y con el dinero (poder) ...*podré*... comprarme un vestido nuevo. Cuando (llevar) ...*lleve*... mi vestido (ir) ...*iré*... al mercado y todos los hombres (enamorarse) *se enamorarán* de mí, pero yo les (decir) ...*diré*... que no con la cabeza...".

Y, olvidando que llevaba el cántaro, mientras pensaba en cómo diría que no a todos los hombres, la lechera movió la cabeza; el cántaro cayó al suelo y se rompió, la leche se derramó y todos sus planes desaparecieron en un instante.

(Esopo, adaptado)

La Cigarra y la Hormiga

Cada vez que (llegar) ...*llegaba*... el verano, la cigarra cantaba y cantaba. No quería trabajar, solo quería disfrutar del sol. Un día, mientras la cigarra (estar) ...*estaba*... tumbada debajo de un árbol, pasó por allí una hormiga que llevaba una gran bolsa de comida. Cuando la cigarra la (ver) ...*vio*...; (reírse) ...*se reía*... de ella, pero la hormiga le contestó:

"Antes de que (darse, tú) *se diera* cuenta, (venir) ...*vino*... el invierno y entonces no (reírse, tú) ...*se ríe*...".

El tiempo pasó y pasó... Cuando (llegar) ...*llegó*... el invierno, la cigarra no tenía nada que comer, así que fue a casa de la hormiga y le dijo:

"Señora hormiga, por favor. Préstame algo de comida, que yo te la devolveré cuando (ser) ...*es*... posible".

Pero la hormiga le respondió muy enojada:

"Mientras yo (trabajar) ...*trabajaba*... duramente, tú te reías de mí. Pues ahora no te daré nada de nada".

Y le cerró la puerta.

(Jean de La Fontaine, adaptado)

El cuento de la Lechera: ....
....

La Cigarra y la Hormiga: ....
....

9.8. Seguro que ya comprobaste los famosos chiles rellenos, pero... ¿Sabes cómo hacerlos? Completa los verbos con la forma correcta y prepárate a disfrutar de la cocina.

Ingredientes: 10 chiles poblanos grandes, 5 huevos, 4 quesos frescos, 5 jitomates grandes, 1 cebolla chica fileteada, 1 diente de ajo, 1 chile poblano extra cortado (cortado en 4), sal, consomé de pollo. Aceite de maíz, harina, palillos.

Preparación:

Asamos los chiles, los sacamos, los pelamos y los ponemos en una bolsa de plástico hasta que (sudar) .... Luego, los enjuagamos, les quitamos la piel, los abrimos a lo largo, y los desvenamos.

Los rellenamos de queso fresco y los cerramos con un palillo. Después, ponemos el aceite en una sartén, cuando el aceite (estar) .... caliente, freímos la cebolla y el chile poblano cortado en cuatro partes.

Mientras la cebolla y el chile (freírse) .... licuamos jitomate y ajo. Después (agregar) .... lo licuado y lo cocinamos, sazonamos con sal y consomé al gusto.

Aparte, batimos las claras de huevo, hasta que (estar) .... a punto de turrón, luego, incorporamos las yemas, hasta que (mezclarse) .... bien. Enharinamos cada uno de los chiles, los sacudimos, y los pasamos por la mezcla de huevo. Los freímos con suficiente aceite muy caliente, hasta que (adquirir) .... un color dorado. Cuando (estar) ....dorados los escurrimos hasta que no (tener) .... mucho aceite, los pasamos por la salsa, los servimos y nos los comemos antes de que (enfriarse) ....

9.9. Lee el siguiente texto y, después, contesta las preguntas.

LA VEJEZ

La vejez es como un barco que se va alejando lentamente del muelle en el cual anclamos el día de nacer. Cuando nuestra nave parece estar ya cansada de ser mecida por los vaivenes de la vida, cuando sus bodegas están repletas de recuerdos y experiencias y no hay lugar para otras nuevas, y cuando aquellos barcos que nos eran familiares –pues juntos llegamos y juntos viajamos por la vida– ahora están ausentes, entonces, por momentos, presentimos que ya está cerca la hora de nuestra propia partida.

Gran parte de quienes crecieron con nosotros y construyeron nuestro mundo ya no están; de ellos solo queda su estela. Conocemos a más difuntos que a vivientes, y nos es más familiar el mundo de los muertos que el de los vivos. Entonces, sin desearlo, será tal vez la fuerza corporal o la memoria la que comience a soltarnos de los amarres que aún nos mantienen atados a la vida. Lentamente iremos perdiendo facultades y autonomía y comenzaremos a depender de otros, como cuando recién llegamos a la vida. El tiempo ya no será lineal, olvidaremos los nombres, confundiremos las fechas y esto nos producirá tal inseguridad que nos sentiremos más protegidos en nuestro silencio interior. Pareciera que cada día que pasa deja huellas en el cuerpo, equivalentes como a un año de existencia. Y pareciera que es tanto el pasado que ya no cabe, y va ocupando el lugar del presente y así no le va quedando espacio al futuro.

Imperceptiblemente nos vamos apartando de la orilla de la vida. Ya el mundo nos va pareciendo ajeno y cada vez son menos las amarras que nos vinculan a él. Los que vimos nacer y dependían de nosotros, de pronto, casi sin darnos cuenta, son los que ahora manejan el mundo de una manera vertiginosa, y pareciera que hasta el lenguaje que usan es nuevo. También son ellos los que controlan nuestra propia existencia y deciden por nosotros. De ser los protagonistas de la vida, pasamos a ser los espectadores, y cada día aparecen nuevos nombres de familiares y amigos en la página del obituario.

Nos miramos al espejo y notamos que nuestros ojos ya no tienen el brillo de antes, el rostro está surcado y el cuerpo ajado, y lo único que tal vez ha rejuvenecido es nuestra alma, nuestra capacidad de comprender la debilidad humana y nuestra humildad para inclinarnos ante lo trascendente.

Cómo poder explicarle a la juventud, arrogante de vitalidad, que "como se ven yo me vi, y como me ven se verán".

Sin embargo, apreciamos más que nunca vivir; dejar de existir ya no nos preocupa como antes. Puede que nos asuste el momento mismo de la muerte, de su siempre inoportuna llegada y de la forma avasalladora en que se adueña de todo. Pero la sabiduría de la vejez enseña que el morir no es un drama, es un encuentro. Así, muriendo, paradójicamente, les enseñaremos a vivir a nuestros seres queridos.

(Adaptado de *El Mercurio*)

9.10. Di si estas frases son verdaderas o falsas.

	verdadero	falso
1. Cuando llega la vejez el tiempo es lineal.	☐	☐
2. El barco del autor es nuevo y sus bodegas están vacías.	☐	☐
3. El autor pasó su infancia en la montaña.	☐	☐
4. Él conoce menos a los vivientes que a los difuntos.	☐	☐
5. Para el autor, la vida adulta está llena de confusiones e inseguridad.	☐	☐
6. El autor se siente desanimado porque lentamente va perdiendo facultades y autonomía.	☐	☐
7. Otra forma de conocer el dolor es con la muerte de un ser querido.	☐	☐
8. El alma también envejece cuando llega la vejez.	☐	☐
9. Según el autor, se aprecia más la vida cuando se va alejando uno del muelle en el cual anclamos.	☐	☐
10. Cuando el autor dice "como se ven yo me vi, como me ves se verán" quiere decir que la vida es un chispazo y que ellos, antes de que se lo imaginen, experimentarán lo mismo.	☐	☐

9.11. Explica, con tus propias palabras, qué significan las siguientes expresiones en el texto:

1. Bodegas repletas: ....

2. El tiempo ya no será lineal: ....

3. Ser espectadores: ....

4. Como me ves te verás: ....

9.12. Completa las siguientes frases:

1. Cuando tenga un hijo, ...

2. Me casaré cuando ....

3. Todos los días cuando me levanto, ...

4. Cuando cumpla 70 años, ...

5. Cuando era niño, ...

6. Tendré un hijo cuando ....

7. Tuve un hijo cuando ....

8. Te esperaré aquí hasta que ....

9. Me pongo muy contento siempre que ....

10. En cuanto veo a mi profesora de español ....

10.1. Completa las siguientes frases con los conectores del cuadro.

> como • es que • porque • debido a • por (2) • a causa de
> dado que • puesto que • ya que

1. Los Reyes Magos no te trajeron nada .... te portaste mal.

2. ▷ Lo siento, señor director, pero no hemos terminado el reporte financiero del último trimestre .... una falla informática.

   ▶ Pues, ... no contamos con todos los datos, tendremos que aplazar la reunión para la próxima semana.

3. ▷ Luisa, voy un momento al supermercado a comprar el arroz para el mole. ¿Quieres algo?

   ▶ Sí, gracias, ... vas, pásate por la farmacia y tráeme una caja de aspirinas.

4. ▷ ¿Ya viste qué músculos tiene Tarzán? No me había fijado antes.

   ▶ Pues claro, ... siempre está nadando y luchando contra los cocodrilos, se mantiene en forma.

5. Nos quedamos sin las entradas para el concierto de los Caifanes .... tardar tanto en decidir si íbamos o no.

6. El agujero de la capa de ozono está aumentando .... la incesante emisión de gases CFC.

7. ▷ Ya sé, Martha, que te había prometido que esta noche iríamos a cenar para celebrar nuestro aniversario, pero .... estoy en medio de una reunión muy importante y no sé cuándo vamos a terminar.

   ▶ Si ya lo sabía yo, a mí siempre me pasan estas cosas .... ingenua.

8. .... este año sobrepasamos los beneficios previstos, vamos a gratificar a nuestros empleados con una paga extra.

10.2. Relaciona los conectores de causa de las frases anteriores con su significado.

A. Es que

B. Puesto que

C. Porque   **1.** Expresa la causa de forma general.

D. Por   **2.** Expresa una causa conocida.

E. Debido a   **3.** Se utiliza para justificar la respuesta.

F. Como   **4.** Introduce una causa, normalmente con connotaciones negativas.

G. A causa de   **5.** Introducen una causa en un contexto formal.

H. Dado que

I. Ya que

10.3. Vuelve a escribir estas frases sustituyendo *porque* por otro conector de causa y haciendo los cambios necesarios en las estructuras de las frases.

1. En los últimos meses los precios han aumentado, entre otros motivos, porque el precio de petróleo varió. (*a causa de*)

....
....

2. No podemos ir esta tarde a la playa porque está lloviendo. (*como*)

....

3. El reciclaje se está implantando en la sociedad actual, porque los gobiernos se dieron cuenta de que el medioambiente está seriamente amenazado. (*debido a que*)

....
....

4. Me parece muy mal que la gente se manifieste en contra del consumo de pieles de animales porque hay otros problemas más importantes como, por ejemplo, los niños obligados a trabajar como esclavos. (*puesto que*)

....
....
....

5. El conflicto entre Luis y Armando no parece tener solución porque los dos mantienen posturas intolerantes. (*por*)

....
....

10.4. Relaciona las dos columnas y forma frases con sentido.

No pude llamarte por teléfono,		no pagaban la renta desde hacía meses.
La recepción del embajador tuvo que ser suspendida	porque	no encontramos iglesia.
Jorge se fue a vivir a Londres	debido a que	me quedé sin batería.
Vamos a tener que cambiar la fecha de la boda	es que	no consideraban justa la decisión de la empresa.
Voy a romper mi relación con Antonio	a causa de	los últimos acontecimientos internacionales.
Los inquilinos fueron desalojados de las viviendas	dado que	motivos de trabajo.
Los trabajadores se fueron a huelga	ya que	no tengo noticias suyas desde hace dos meses.
	por	

1. ....
2. ....
3. ....
4. ....
5. ....
6. ....
7. ....

10.5. Encuentra los sustantivos derivados de los siguientes verbos:

> pelearse • aficionarse • permanecer • pertenecer • manejar • emborracharse

...pelearse → la pelea................................. ....

....

....

10.6. Ahora, completa las siguientes frases sustituyendo el verbo por uno de los sustantivos anteriores, realizando los cambios que sean necesarios.

1. Lo echaron del antro por pelearse con el mesero.

....

2. Empezó a tener problemas por aficionarse a la bebida.

....

3. Ese futbolista ha hecho todo lo posible por permanecer en el mismo equipo.

....

4. La policía lo detuvo por pertenecer a un grupo violento.

....

5. Le quitaron la licencia por manejar peligrosamente.

....

6. Hoy le duele mucho la cabeza por emborracharse ayer por la noche.

....

10.7. Lee con atención las siguientes frases y corrige la información que no sea correcta.

1. Julieta Venegas es una famosa cantante colombiana, ¿verdad?

No, no es colombiana, **sino** mexicana.............................

2. Me parece que Matrix es una película histórica, pero no estoy seguro.

....

3. Pues yo creo que al final el príncipe se casa con la madrastra de Cenicienta.

....

4. Blancanieves se quedó dormida porque se comió unas aceitunas, ¿no?

....

5. ¡Claro que conozco a Madonna! Es esa famosa cantante de ópera.

....

6. Pues el dinero que había en Ecuador antes del dólar se llamaba peso ecuatoriano.

....

7. Uno de los libros más importantes de la literatura latinoamericana, *Cien años de soledad*, lo escribió Augusto Monterroso.

....

8. Chile es un país que tiene frontera con Brasil, ¿no?

....

9. Yo creo que Frida Kahlo fue una de las mejores cantantes mexicanas de todos los tiempos.

....

10. Caperucita se fue al bosque porque su madre le ordenó buscar hongos para la cena.

....

11. Los primeros en llegar a la luna fueron los rusos, ¿no?

....

12. El chocolate es originario de África, ¿verdad?

....

10.8. Reacciona ante las siguientes frases escribiendo las informaciones con la estructura correcta.

Ejemplo: ▷ Me dijo Gabi que no viene a la cena porque está enfermo. (no dejarlo su novia)

▶ **No es porque** esté enfermo, **sino porque** su novia no lo deja.

1. ▷ José no usa Internet porque no le gusta. (no saber usarlo)

▶ ....

2. ▷ Eva nunca va a una fiesta porque no sabe qué ponerse. (no tener tiempo)

▶ ....

3. ▷ Ángeles está aprendiendo arte dramático porque quiere cambiar de trabajo. (tener madera de actriz)

▶ ....

4. ▷ María baila samba porque le gusta. (querer buscar trabajo en Brasil)

▶ ....

5. ▷ Ana es vegetariana porque no quiere comer nada que tenga ojos. (no gustarle la carne)

▶ ....

10.9. Lee el siguiente texto de uno de los escritores mexicanos más populares, y contesta después las preguntas.

Máscaras mexicanas

Viejo o adolescente, criollo o mestizo, general, obrero o licenciado, el mexicano se me aparece como un ser que se encierra y se preserva: máscara el rostro, máscara la sonrisa. Plantado en su arisca soledad, espinoso y cortés a un tiempo, todo le sirve para defenderse: el silencio y la palabra, la cortesía y el desprecio, la ironía y la resignación. Tan celoso de su intimidad como de la ajena, ni siquiera se atreve a rozar con los ojos al vecino: una mirada puede desencadenar la cólera de esas almas cargadas de electricidad. Atraviesa la vida como desollado; todo puede herirle, palabras y sospecha de palabras. Su lenguaje está lleno de reticencias, de figuras y alusiones, de puntos suspensivos; en su silencio hay repliegues, matices, nubarrones, arco iris súbitos, amenazas indescifrables. Aun en la disputa prefiere la expresión velada a la injuria: "al buen entendedor pocas palabras". En suma, entre la realidad y su persona se establece una muralla, no por invisible menos infranqueable, de impasibilidad y lejanía. El mexicano siempre está lejos, lejos del mundo y de los demás. Lejos, también, de sí mismo.

El lenguaje popular refleja hasta qué punto nos defendemos del exterior: el ideal de la "hombría" consiste en no "rajarse" nunca. Los que se "abren" son cobardes. Para nosotros, contrariamente a lo que ocurre con otros pueblos, abrirse es una debilidad o una traición. El mexicano puede doblarse, humillarse, "agallarse", pero no "rajarse", esto es, permitir que el mundo exterior penetre en su intimidad. El "rajado" es de poco fiar, un traidor o un hombre de dudosa fidelidad, que cuenta los secretos y es incapaz afrontar los peligros como se debe. Las mujeres son seres inferiores porque, al entregarse, se abren. Su inferioridad es constitucional y radica en su sexo, en su "rajada" herida que jamás cicatriza.

Octavio Paz *Laberinto de la soledad* (fragmento)

10.10. Contesta si la información es verdadera o falsa.

	verdadero	falso
1. El título hace referencia al carácter reservado del mexicano.	☐	☐
2. El mexicano hace uso del silencio como un instrumento de defensa.	☐	☐
3. El autor reflexiona sobre el poder real que la palabra ejerce sobre el mexicano.	☐	☐
4. Conceptos como "rajarse", revelan el grado feminista que todos los mexicanos llevamos dentro.	☐	☐
5. El sexo de una persona no determina su inferioridad según el autor.	☐	☐
6. "No te rajes" es el lema de lucha para los mexicanos.	☐	☐

10.11. Contesta por escrito a las siguientes preguntas.

1. En el texto el autor habla sobre las "máscaras" que los mexicanos usan. ¿Por qué crees tú que el mexicano las usa?

....

2. ¿Qué connotación tiene la palabra "rajarse"?

....

3. ¿Qué significa para otros pueblos "abrirse"?

....

4. Menciona las características que tiene un mexicano según el autor.

....

5. ¿Cuál es el papel de la mujer en el texto?

....

6. Explica con tus palabras de qué habla el texto.

....

10.12. Reacciona ante las siguientes frases corrigiendo las informaciones con la estructura correcta.

Ejemplo: ▷ A Diego le encanta la filosofía. (ser un filósofo)

▶ **No es que** le encante la filosofía, **sino que** es un filósofo. ....

1. ▷ Angélica es muy antipática. (ser muy tímida)

▶ ....

2. ▷ Rosa tiene sueños proféticos. (estar preocupada)

▶ ....

3. ▷ A Miguel le gusta mucho hablar. (ser un gran contador de historias)

▶ ....

4. ▷ Isabel nunca quiere salir por la noche. (tener tres niños)

▶ ....

5. ▷ Dani siempre encuentra los libros porque es muy ordenado. (saber dónde buscar)

▶ ....

6. ▷ ¿Rosa nunca va a las fiestas de Manuel porque le cae mal? (vive lejos)

▶ ....

7. ▷ ¿Los estudiantes no vienen a clase porque no les gusta el tema? (a esas horas tener hambre)

▶ ....

10.13. Encuentra los verbos o sustantivos derivados de las siguientes palabras, y completa las frases con uno de ellos.

el distanciamiento → ....   impedir → ....

entender → ....   huir → ....

la pena → ....   sufrir → ....

tardar → ....   el brillo → ....

solidificar → ....   gustar → ....

1. ¡Otra vez llega tarde! Si sigue así, van a despedirlo por su ....

2. ▷ Desde que el año pasado los dos hermanos ...., la familia tiene muchos problemas.

▶ Sí, es verdad. Es necesario encontrar la forma de llegar a un .... y solucionar esto para siempre.

3. Ponen muchos .... a este proyecto, pero creo que lo conseguiremos.

4. ¡Qué triste estoy! Mi mejor amiga no puede venir a mi boda porque vive en Argentina. .... muchísimo, hace tanto tiempo que no la veo.

5. El hielo se produce por la .... del agua.

6. ¡Hay que ver cómo .... tus pisos! ¿Con qué los limpias?

7. .... de los presos ayer por la tarde pusieron en movimiento a toda la policía de la ciudad.

8. Los médicos están empezando a usar marihuana para evitar el .... de los pacientes.

9. La verdad es que es una gran actriz y una persona muy interesante, aunque en cuestión de hombres tiene unos .... muy especiales.

11.1. Relaciona los elementos de las dos columnas y construye frases utilizando los conectores de consecuencia (por eso, así que, de ahí que...).

1. Ayer Josefina tener 40 de fiebre
2. (Ustedes) estudiar poco
3. Anoche Antonio estar borracho
4. Hoy el niño jugar con el encendedor
5. Estar (nosotros) todo el mes de vacaciones
6. Cristina no soporta el humor de Ana
7. José Javier no trabajar desde enero
8. María José romper con su novio
9. Gustar (a nosotros) mucho este hotel
10. Felipe trabajar mucho

A. saber nada sobre el accidente de tu primo.
B. volver otra vez el año próximo.
C. no venir nunca a mi casa cuando está ella.
D. tener tantas deudas.
E. reprobar el examen de español.
F. caerse por las escaleras.
G. no poder ir a la reunión.
H. quemarse los dedos.
I. darle un infarto.
J. estar muy triste.

1. Ayer Josefina tenía 40 de fiebre, por eso no pudo ir a la reunión.
2. ....
3. ....
4. ....
5. ....
6. ....
7. ....
8. ....
9. ....
10. ....

11.2. Completa las frases con el modo y el tiempo correctos del verbo.

1. Faltan Pedro y Germán, así que no (poder, nosotros) .... empezar la reunión hasta que ellos no lleguen.

2. ¿Realmente crees que hay tanta gente como para que (cerrar, ellos) .... y no (dejar) .... entrar a nadie?

3. Estuvieron conduciendo toda la noche, así que ahora (necesitar) .... descansar y no (poder) .... responder a sus preguntas.

4. Salir en Año Nuevo es carísimo, por lo tanto (decidir, nosotros) .... celebrarlo en casa con los amigos.

5. No está tan lejos la facultad como para que (ir, ustedes) .... en metrobús.

6. Los precios están muy altos en estos momentos, por lo tanto (tener, nosotros) .... que esperar a que bajen.

7. No hicieron las tareas, se pasaron toda la tarde jugando, de modo que ahora (quedarse) .... sin ver su programa preferido.

8. Ayer hubo una falla informática, en consecuencia todos los informes del último trimestre (perderse) .... y hay que volver a capturarlos.

9. No tenía mucho dinero el verano pasado, por eso no (viajar) .... con mis papás a San Carlos Sonora.

10. No hemos caminado tanto como para que (estar) .... tan cansados.

11. ▷ ¿A qué hora llegan mañana?

    ▶ Llegamos al aeropuerto a las ocho de la tarde.

    ▷ ¡Vaya! Entonces no (venir, ustedes) .... con tiempo de ir a la inauguración de mi exposición de fotografía.

12. La semana pasada fuimos al antro que tanto te gusta, de manera que este fin de semana (ir, nosotros) .... donde yo diga.

13. El viernes próximo no trabajo, por tanto (tomar, yo) .... el avión de las diez de la mañana y así (pasar) .... casi tres días en Huatulco (Oaxaca).

14. ▷ ¿Ya viste la exposición de cuadros de Maite?

    ▶ Sí, y creo que no son tan buenos como para que (vender, ella) .... tanto como ha vendido.

15. Solo pude comprar tres entradas, así que uno de nosotros (escuchar) .... el concierto desde casa.

11.3. Completa las frases con la forma adecuada del verbo.

1. Para que los alumnos (mantener) .... el interés es muy importante que la clase sea amena.

2. Voy a comprar velas esta Navidad para (crear) .... un ambiente muy especial y para que mi casa (verse) .... diferente.

3. Tengo que llamar a mi mamá para que (decirme) .... cómo se hacen los tamales y para que (traerme) .... el recetario de la abuela.

4. Para (ser) .... feliz y (disfrutar) .... hay que pensar en positivo y no agobiarse con los problemas de cada día.

5. Para que los niños (crecer) .... sanos y (ser) .... felices no hay que enviarlos a la escuela demasiado pronto.

6. Vino la vecina del departamento dos para (pedirnos) .... sal y para que (bajar, nosotros) .... a ayudarla con los preparativos de la cena.

7. Utilice su tarjeta para (pagar) .... sus compras navideñas y (ganar) .... un fantástico viaje al Caribe.

8. Luisa se fue a los EE. UU. para (perfeccionar) .... su inglés y (conocer) .... mejor su cultura.

11.4. Completa las frases con la forma adecuada de los verbos del recuadro.

> • oler • adquirir • brillar • desaparecer
> • limpiar • perder • ablandarse • quedarse • purificar

Para prolongar el buen funcionamiento y aspecto de los pequeños electrodomésticos de su cocina, nada como aplicar la "medicina preventiva". Cuidarlos mientras aún disfruten de buena salud. Aquí te proporcionamos un buen número de consejos y de trucos sencillos y eficaces. Síguelos y verás cómo tus minirobots no te darán más problemas.

Batidora

Mete la batidora en un vaso con agua y detergente y hazla funcionar durante unos minutos para .... perfectamente; para que .... más, lávala de vez en cuando con agua y vinagre.

Freidora

Para .... el aceite y para que los restos sólidos no .... en el fondo, introduce un papel de filtro cuando el aceite esté caliente.

Sandwichera

Frota la sandwichera con un paño húmedo para que los restos sólidos........................ y...........................con facilidad.

Yogurtera

Para que los recipientes no .... mal, añade a un litro de agua dos cucharadas de bicarbonato y pon la mezcla dentro de los recipientes durante 15 minutos.

Exprimidor

Para que tus jugos no .... el sabor del detergente, límpialo simplemente con agua y un cepillo.

Cafetera eléctrica

Para que el recipiente de cristal no .... el brillo, cada dos meses llénalo de agua con una cucharada de vinagre.

11.5. Completa los huecos con la forma correcta del verbo usando las estructuras "para + infinitivo" o "para que + subjuntivo".

1. Tienes que ir al departamento de tránsito para (renovar) .... la licencia de manejo.

2. Para (hablar) .... bien español es necesario estudiar mucho y (preguntar) .... a tus profesores para (explicarte) .... lo que no entiendes.

3. Rosa tiene que llamar al técnico para (arreglar, él) .... el timbre de su casa. Cada vez que voy allí para (trabajar, yo) .... tengo que esperar media hora en la puerta.

4. El gobierno debería ayudar a los jóvenes para (poder, ellos) .... encontrar un buen trabajo y (decidirse) .... a formar una familia.

5. Vinimos para (ayudar, nosotros) .... a nuestros papás con la mudanza y para (instalarse, ellos) .... pronto en su nueva casa.

6. Te compré esto para (no olvidarme, tú) .... y (pensar, tú) .... en mí todos los días.

7. Es necesario invertir más dinero para (lograr) .... el desarrollo de los países pobres.

8. Es un lugar muy bueno para (relajarse, ustedes) .... y (olvidarse, ustedes) .... de todos los problemas.

11.6. **Completa las siguientes frases con las preposiciones *por* o *para*.**

1. Gabriel me envió .... correo electrónico las fotos que nos tomamos en noviembre.

2. ¡Qué viaje tan pesado! .... llegar a Ámsterdam en avión tuvimos que hacer escala en dos aeropuertos .... problemas meteorológicos.

3. ▷ Mira qué pañuelo tan bonito. Se lo cambié a Isabel .... mi pulsera de plata.
   ▶ ¡Pues qué buen trato hiciste!

4. Aunque me vaya tan lejos, no te preocupes, ... tu cumpleaños ya estaré aquí.

5. Martínez, llame a Administración y dígales que necesito los balances .... mañana sin falta.

6. En la amistad y en el amor, ... mí lo más importante es la honestidad.

7. ▷ Ayer estuvimos toda la tarde de compras .... el centro y no te puedes imaginar la cantidad de gente que había.
   ▶ Es que .... estas fechas la gente se vuelve loca comprando.

8. Le pedí a Federico que vaya a la reunión .... mí, porque tengo un dolor de cabeza insoportable.

9. Y este es el último modelo de cafetera con un recipiente .... 12 tazas.

10. Muchas gracias .... tu invitación, pasé una tarde maravillosa.

11. .... no tener ni idea de cocina, los macarrones me quedaron exquisitos.

12. ▷ Yo .... ti, sería capaz de hacer cualquier cosa.
    ▶ Bueno, bueno, eso solo me lo dices .... que no me enoje contigo.

13. ▷ Abuelita, abuelita, ¿.............................. qué tienes los dientes tan grandes?
    ▶ ¡¡¡............................... comerte mejorrrrr!!!

14. Mis amigos y yo decidimos ir a México .... conocer las pirámides de Yucatán, famosas .... ser centros ceremoniales de la cultura Maya.

15. ▷ .... mí el mejor actor en este momento es Brad Pitt.
    ▶ ¡Qué dices! .... buen actor, Clint Eastwood. ¡Es un genio!
    Le dieron muchos premios .... su película "Gran Torino".

11.7. **Lee el siguiente texto.**

Cambio Extremo

En Colombia existe un nuevo programa de televisión llamado "Cambio Extremo", que se trasmite por el canal RCN. En este programa eligen a ciertas personas para hacerles el cambio de imagen que ellos consideran adecuado y a la vez inculcan que la belleza física importa tanto como el dinero.

Los cirujanos plásticos afirman que las cirugías cuentan con un gran progreso de la ciencia y la tecnología, no solo prolongado la expectativa de vida del ser humano, sino que la calidad de esta se ha mejorado notoriamente en los últimos 30 ó 40 años, permitiendo un mejor control de nuestra salud y vitalidad.

El *boom* de la estética ha irrumpido en los países de Sudamérica, incluido el nuestro a nivel internacional por su realización de cirugías plásticas, pues estas permiten disfrutar de costos menores que a veces llegan a ser inaccesibles en sus países de origen. Además, vienen motivados por la gran experiencia de los cirujanos plásticos debido al gran volumen de pacientes intervenidos en estos países.

Los cinco procedimientos quirúrgicos más realizados en los hombres y en las mujeres, según las estadísticas de la sociedad americana de cirujanos plásticos, en este año, fueron: lipoescultura, cirugía de la nariz, aumento mamario, eliminación de bolsas bajo los parpados y rejuvenecimiento facial quirúrgico, trasplante de pelo y reducción de papada.

Muchas personas se realizan cirugías plásticas porque se sienten incómodas con su apariencia, y creen o dicen que practicándose una serán personas más seguras y con un mayor éxito laboral y sentimental, pero a la vez y aunque no se crea, aún en nuestros días, se ven expuestas a las criticas y habladurías por parte de terceras personas.

Las cirugías plásticas han tenido que pasar por una serie de procesos bastante graciosos: en un tiempo fue la rinoplastia, luego le llegó el turno a las siliconas, aplicadas al aumento del busto, que al principio parecía llevarse bien solo con las vedetes, pero en la actualidad, el regalo favorito para las niñas de quince es sucumbirse al bisturí. Debemos tener en cuenta que para realizar una de estas cirugías es muy importante que el cuerpo haya alcanzado su madurez tanto física como psicológica ya que pueden acarrear consecuencias negativas a nivel emocional, pues resulta difícil asumir el cambio de una forma ideal.

Personalmente, yo no le veo nada de malo a que las personas se mejoren un poquito, claro, si no se sienten bien como son. Además es necesario en una sociedad como esta, en la que no se mide a las personas por las capacidades sino por la primera impresión que se logre generar.

(Adaptado de *http://www.usergioarboleda.edu.co/altus/cambio_extremo.htm*)

11.8. **Contesta verdadero o falso.**

	verdadero	falso
1. En los países sudamericanos los cirujanos plásticos tienen menos experiencia en las cirugías estéticas.	☐	☐
2. Muchas personas se someten a cirugías plásticas para tener más éxito laboral y sentimental.	☐	☐
3. En Colombia no es necesario ser millonario para acceder a los servicios de un cirujano plástico.	☐	☐
4. El mejor regalo para una quinceañera es un cambio de imagen.	☐	☐
5. En la actualidad está totalmente demostrada la calidad en las cirugías plásticas permitiendo un mejor control de salud y vitalidad.	☐	☐
6. Hay personas que opinan que las cirugías deben realizarse antes de cumplir la madurez física y psicológica.	☐	☐
7. La sociedad valora más a las personas por su capacidad y no por su imagen exterior.	☐	☐

11.9. Escribe los antónimos de las siguientes palabras y los sustantivos derivados de cada una de ellas como en el ejemplo.

ejemplo: reparar → destruir, destrozar la reparación → la destrucción

Antónimos	Sustantivos
1. bello	....
2. aumentar	....
3. estirar	....
4. crecer	....
5. exponer	....
6. implantar	....

11.10. Completa ahora las siguientes frases con la palabra correcta tomada del ejercicio anterior, realizando los cambios que sean necesarios.

1. Las operaciones de busto son de dos tipos: se realizan muchos .... pero también son frecuentes las ....

2. Muchos hombres piensan que la calvicie significa ...., que es algo antiestético, y por eso intentan .... este problema con implantes de pelo.

3. Las personas que se someten a .... faciales están totalmente convencidas de que las .... no son bellas.

4. El número de personas que voluntariamente se opera .... cada año en Sudamérica, debido al deseo de aumentar la .... física.

5. En el pasado, las personas normalmente .... que se habían operado, aunque hoy en día este .... ya no es necesario.

11.11. Explica con tus propias palabras qué significa:

1. Cambio extremo:

....

....

2. Tratamientos quirúrgicos :

....

....

3. El *boom* de la estética:

....

....

4. Sucumbir al bisturí:

....

....

12.1. Completa las frases con los pronombres y los verbos correctos.

1. A mi hermana (molestar) .... muchísimo los ruidos de una construcción que hay al lado de su casa.

2. A mis papás (preocupar) .... la actitud de mi hermano; antes tenía mucha energía y era muy activo, pero ahora nada (interesar) ....

3. Mis amigos me dijeron que (encantar) .... las películas de animación, así que, si no (molestar, a ustedes) .... me voy con ellos esta tarde.

4. (Sorprender, a nosotros) .... mucho los resultados de tus exámenes. Estudias muy poco y eso (decepcionar, a nosotros) .... bastante.

5. ▷ ¿Qué es lo que más (gustar) .... hacer en tu tiempo libre?

    ▶ Bueno, pues (gustar) ...., especialmente, estar con mis amigos. A nosotros (encantar) .... hacer deporte y también ir a bailar de vez en cuando.

6. A la mayoría de los niños pequeños no (gustar) .... nada ir al kinder por primera vez. A los padres también (preocupar) .... mucho ese momento.

7. Ya sé que a ustedes dos no (interesar) .... mis problemas, pero podrían ayudarme por una vez.

12.2. Completa las frases con uno de los verbos del recuadro en el tiempo correcto. No olvides escribir el pronombre.

> indignar • encantar • preocupar • molestar
> gustar • sorprender • alegrar

1. Siempre (a mí) .... muchísimo la falta de puntualidad de mis amigos.

2. ▷ Dicen que a ustedes, los hombres, nada .... más que ver un partido de fútbol mientras toman una cervecita.

    ▶ ¿Ah, sí? Pues a mí me dijeron que a ustedes, las mujeres, ... ir de compras con las amigas y comer chocolate.

3. Llegamos a México hace un mes. Antes de venir .... un poco tener problemas con el idioma, pero la verdad es que entendemos todo perfectamente.

4. Ayer Luis se enojó muchísimo. La verdad es que a todos nosotros .... tanto su reacción, que no supimos qué hacer.

5. A todos los trabajadores .... las falsas promesas de los políticos.

6. Cuando eras una niña muy pequeña .... esperar a tus papás. Cada vez que llegaban a casa les recibías con una gran sonrisa.

12.3. Completa las siguientes frases con el verbo en la forma correcta.

1. Me molesta mucho que la gente (ir) .... a la playa o al campo y no (recoger) .... la basura que produce.

2. Me horroriza que, en Navidad, todo el mundo (volverse) .... loco y (comprar) .... compulsivamente.

3. Me encanta que mi novio me (sorprender) .... de vez en cuando y me (preparar) .... una cena romántica.

4. Me sorprende mucho que mi hermano (querer) .... comprar el vino y que (estar) .... dispuesto a organizar la fiesta.

5. Odio que nunca me (tocar) .... la lotería y que las cosas me (salir) .... mal.

6. Me alegra mucho que ustedes (llevarse) .... tan bien y que (compartir) .... todas sus aficiones.

7. Me pone de mal humor que mis amigos no (contestar) .... cuando les envío un mensaje de texto al celular.

8. Me da igual que (nevar) ...., (llover) .... o (hacer) .... frío, mañana pienso ir a dar un paseo por la playa.

12.4. **Completa las frases con el verbo en infinitivo o presente de subjuntivo, no olvides poner también "que" cuando sea necesario.**

1. Me emociona (reaccionar, la gente) .... tan solidariamente cada vez que hay una catástrofe.

2. Me da pena (cambiar) .... de carro porque me encanta este modelo, pero ya tiene muchos kilómetros y está muy viejo.

3. No soporto (madrugar) .... porque me pone de muy mal humor (levantarme) .... justo cuando más a gusto estoy en la cama.

4. No quiero dejar a los niños solos mucho tiempo en casa porque me da miedo (tener, ellos) .... un accidente.

5. A los vecinos les molesta (jugar, los niños) .... fútbol en el jardín porque estropean las plantas y rompen las ventanas.

6. Me da igual lo (pensar, tú) .... A mí me gusta mucho (escuchar) .... a Luis Miguel. Y ¿qué?

12.5. **Completa el siguiente texto con los verbos en la forma adecuada.**

Estoy hasta el copete de que (vivir) .... con temor al escuchar las noticias, y nos (enterar) .... que en nuestro país hay gente muerta a causa de la violencia en las calles. Ciertamente, no nos sobresaltamos, pues ya es algo cotidiano. Hemos aprendido a vivir con ello, pero no es lo correcto, no lo debemos hacer más, no soporto que (deber) .... convivir con ello. Estamos hartos de que la "gente" nos (diferenciar) .... por nuestra creencias, color de piel, sexo, edad, posición social, nacionalidad, preferencias sexuales, porque todas estas diferencias nos hacen parte de un todo.

Los jóvenes estamos hartos de que las peores desgracias (ser) .... ocasionadas por el hombre mismo: las guerras, las bombas, las armas. Y así como tuvimos el poder de hacer tanto daño, también tenemos la capacidad de cambiar la realidad y vivir sin violencia, disfrutando de las cosas que nos ofrece la vida.

Es el momento de cambiar como sociedad, y para ello empezaremos por nosotros mismos, porque estamos hartos de no (poder) .... salir a las calles con libertad, porque estamos hartos de no (poder) .... expresarnos, porque estamos hartos de que los golpes (anteceder) .... a las palabras, porque estamos hartos de que las armas (usarse) .... contra los más débiles, porque no queremos más guerras, por todo esto digamos ¡no a la violencia!

No queremos seguir viviendo en un mundo donde nos (acusar, ellos) .... y (acosar, ellos) .... por nuestros gustos y preferencias, por nuestras ideas y por nuestra forma de vestir.

Estamos hartos de que no nos (escuchar, ellos) ....

Hoy la "Marcha mundial por la paz y la no violencia" nos une. Estamos en el momento oportuno para concretar los cambios. Nosotros ya despertamos, y estamos fortaleciendo la conciencia del ser humano. ¡¡¡Vamos a unir nuestras voces y nuestras manos y digamos ALTO A LA VIOLENCIA, SÍ A LA PAZ!!!

12.6. A continuación tienes algunos de los verbos que aparecen en el texto. Escribe los sustantivos derivados de dichos verbos.

1. vivir ....la vida................................. **5.** anteceder ....

2. deber .... **6.** acosar ....

3. diferenciar .... **7.** usar ....

4. poder .... **8.** acusar ....

12.7. Transforma las siguientes frases utilizando alguno de los sustantivos del ejercicio anterior. Realiza todos los cambios que sean necesarios.

Ejemplo ➜ Estamos hartos de que la "gente" nos diferencien por nuestras creencias, color de piel.

Estamos hartos de las diferencias que la gente tiene a nuestras creencias, color de piel.

1. Estamos hartos de vivir con temor al escuchar las noticias.

....

2. Estoy harto de que debamos convivir con ello.

....

3. Estamos hartos de que los golpes antecedan a las palabras.

....

4. Estamos hartos de que las armas se usen contra los débiles.

....

5. Estamos hartos de que nos acosen por nuestros gustos y preferencias.

....

12.8. Completa las siguientes frases con presente o pretérito perfecto de subjuntivo.

1. ¡Qué alegría volver a verte! Me hace muy feliz que (decidir, tú) .... venir a mi boda.

2. Estoy enojada contigo. Me molesta que no (decirme, tú) .... la verdad sobre Alberto. Ahora ya no puedo arreglar las cosas con él.

3. Nos da mucha pena que la gente (regalar) .... perritos para Navidad y que luego, cuando quieren irse de vacaciones, (abandonarlos) .... en una carretera o en cualquier sitio.

4. A José le da mucha rabia que su equipo (perder) .... siempre en los campeonatos importantes.

5. ¿Te sorprende que (aprobar, nosotros) .... el examen? ¡Pero si estudiamos muchísimo!

6. No soporto que (dejar, ustedes) .... la cocina siempre sucia y desordenada. A ver cuándo se dan cuenta de que en esta casa siempre limpio yo.

7. Me alegro de que tu novio te (pedir) .... por fin que te cases con él. ¡Ya era hora!

8. Me sorprende que Paco no (darse cuenta) .... de que le robaron la cartera. ¡Con lo cuidadoso que es!

9. Me encanta que me (escribir, ustedes) .... para felicitarme por mi cumpleaños.

10. Me da mucha rabia que me (hacer, tú) .... esperar siempre y que no te (importar) .... que esté sola en la calle durante tanto tiempo.

11. ▷ ¡Qué raro que no (llegar) .... todavía! Hace ya dos horas que salieron de casa. Me preocupa que les (pasar) .... algo.

    ▶ Ay, qué pesada eres, me aburre que siempre (estar) .... pensando en lo peor, relájate, seguramente se entretuvieron en el camino.

12. A Julián le pone muy nervioso que le (llevar) .... la contraria y siempre que hablamos de temas polémicos termina enojándose con nosotros.

13. Me encanta que (terminar, nosotras) .... el trabajo. Nos ha costado mucho, pero al final hemos conseguido llegar al final. ¡Felicidades, chicas!

14. Pues a mí me alegra que (tener, tú) .... la idea de ir a celebrarlo a ese restaurante tan original y me da igual que nos (costar) .... un ojo de la cara. Pienso disfrutar con el espectáculo.

12.9. **Completa las siguientes frases utilizando infinitivos o la forma correcta del presente o del pretérito perfecto de subjuntivo. No olvides escribir "que" cuando sea necesario.**

1. Me encanta (Ángela y José Javier, venir) .... con los niños a pasar aquí el próximo fin de semana, pero me parece un poco raro (todavía no llamar) .... para decirnos a qué hora llegan.

2. ¿Te importa (bajar, yo) .... el volumen del radio? Estoy intentando estudiar y ya sabes que no soporto (escuchar) .... música mientras estudio, porque no puedo concentrarme.

3. ¡Qué lástima (no poder, tú) .... ganar el campeonato de tenis de este año! De todas formas, como a ti te encanta (practicar) .... este deporte, seguro que el año que viene lo ganarás.

4. ¿Quieren (reunirse, nosotros) .... esta noche para intentar solucionar el problema? Llámenme cuando ya (discutir, ustedes) .... el tema y (tomar) .... una decisión.

5. ¿Sabes que Laura y Alfredo van a celebrar su fiesta de aniversario? Llamaron a todos los amigos menos a mí. Me molesta muchísimo (no llamarme) .... y (olvidarse, ellos) .... de mí.

6. No me gusta nada (siempre, pensar) .... en ti mismo antes que en los demás. A la mayoría de la gente le preocupa (sus amigos, sentirse) .... bien pero a ti te da igual.

7. ¡Cómo me alegra (gustar, a ti) .... los chiles rellenos! Los preparé de una manera diferente, aunque la verdad es que (cocinar) .... me pone muy nerviosa.

8. ¿Les importa (ir, nosotros) .... a ver otra película? Ya saben que a Juan le pone de malas (ver, él) .... películas románticas.

12.10. Completa el texto utilizando los verbos del recuadro en infinitivo, presente o antepresente de subjuntivo.

(tener • tratar • ser • leer • morir • realizar • conocer • regalar • estudiar)

¡Jamás lo habría creído! Me encanta .... las aventuras de Harry Potter; me gusta el castillo de Hogwarts y me encanta que Harry y sus amigos .... trucos de magia.

Bueno, en realidad, lo único que no me gusta de Harry Potter es Harry Potter, porque es un consentido en el colegio. No soporto que los profesores y el director lo .... de una manera especial y que, además, su profe le .... una Nimbus 2000. Es cierto que tiene muchos problemas en casa porque a su familia le molesta que él .... el mago más famoso de todos los tiempos. Además, sus tíos odian que Harry .... en un colegio para magos y que .... a gente tan extraña. Por otro lado, siento mucho que los padres de Harry ...., y que él no .... más suerte con su familia.

12.11. Lee el siguiente texto.

Los juguetes y el sexismo

Los juguetes contribuyen al desarrollo integral del niño en todas las áreas de la personalidad: intelectual, física, social y afectiva. Ellos son un excelente recurso para iniciar o consolidar aprendizajes. Por eso es importante analizar la relación entre "los juguetes y el sexismo".
Muchas veces la publicidad de juguetes fomenta el continuar con el rol tradicional de la mujer y del hombre.

Los juguetes son herramientas importantes en la vida de los niños pues a través de ellos tienen la posibilidad de moverse, curiosear, manipular, experimentar, crear, de relacionarse y de intercambiar acciones, vivencias y sentimientos. Los juguetes facilitan la integración de los niños en el entorno social. Razón por la cual hay que buscar el juguete adecuado y estar muy conscientes del papel que tendrá en el desarrollo del niño.

En general, a las niñas se les regala juguetes domésticos como cocinas, sets de limpieza, casa de muñecas, etc. Y a los niños se les regalan juguetes más variados como carritos, pelotas, juegos de construcción, pistas para autos y trenes, potenciando su capacidad cognitiva más que a las niñas.

Desde que se le compra el primer juguete al niño/a se está estableciendo la discriminación de género, fomentando y orientando a la niña a las actividades domésticas y asistenciales; y al niño a las actividades profesionales y fuera de casa.

Pareciera ser que es una cuestión de los adultos que existan, juguetes para "niños" y juguetes para "niñas". Es hora de que los adultos tomen conciencia de que los juguetes no tienen sexo, que son los adultos quienes los marcamos con estereotipos sexistas.

Los juguetes deben ser estimulantes y variados, y los adultos deben proporcionar los que aporten valores positivos, sin olvidar que cuando el niño juega reproduce e imita situaciones o historias vividas, esto significa que los adultos que están a cargo de un niño/a deben ser modelos no sexistas, es decir, que tanto el hombre como la mujer que el niño tienen como referente, realicen labores domésticas como profesionales, ya que esto es lo que los niños van a reproducir en sus juegos.

Nuestra sociedad está en un proceso de cambio, y el estereotipo sexual de los juguetes representa la sociedad de décadas pasadas, la de la familia patriarcal, pero no la de ahora, ya que hoy es muy raro que la mujer esté en su casa y no tenga una ocupación profesional, al igual que es muy frecuente ver a los hombres cambiar pañales o dar de comer a su hijo. Entonces, por qué hay adultos que se empeñan tanto en continuar educando a su hijo bajo el mandato tradicional del rol de la mujer y el hombre. Muchas veces esta educación se hace de forma automática, siguiendo los mandatos culturales.

Es importante reflexionar y fomentar en los niños/as una educación no sexista, ofrecerles a través de los juguetes las mismas posibilidades de desarrollarse plenamente como seres íntegros e independientes capaces de insertarse en la sociedad como personas competentes.

Los juguetes además de responder a las posibilidades motoras y cognitivas de los niños para interactuar con el juguete que se le ofrece, deben responder a sus intereses. No se trata de imponer un juguete o de prohibirlo, lo importante es ofrecerles nuevos patrones y modelos de relación entre géneros, ya que el problema radica en considerar espontáneo o innato algo que es aprendido.

En los juegos de dramatización (casita, maestra, doctor, etc.), los niños asumen roles que observan de los adultos, es así como asumen los roles vividos en sus casas; en la escuela, en la calle... y los reproducen fielmente. Del mismo modo interiorizan la valoración que estos roles adquieren en la sociedad. La idea no es que el niño juegue con muñecas y la niña con autos para superar el estereotipo tradicional, sino que se trata de que los niños/as usen indistintamente estos juguetes y que el docente o el adulto les haga ver las distintas posibilidades de interactuar con ellos.

(Adaptado de *www.psicopedagogias.blogspot.com*)

12.12. **Contesta si la información es verdadera o falsa.**

	verdadero	falso
1. Los juguetes contribuyen al desarrollo integral del niño.	☐	☐
2. Los juguetes no facilitan la integración de los niños en el entorno social.	☐	☐
3. A las niñas se les debe regalar juguetes como carritos, pelotas, pistas de carros o trenes.	☐	☐
4. Los juguetes deben ser estimulantes y variados, y los adultos deben proporcionar los que aporten valores positivos.	☐	☐
5. Hoy en día, cada vez hay menos juguetes que preparen a las niñas para la maternidad como misión principal en el futuro.	☐	☐
6. No es importante reflexionar y fomentar en los niños/as una educación no sexista.	☐	☐
7. Los juguetes ayudan a transmitir a los niños los valores culturales de la sociedad en la que viven.	☐	☐

12.13. **Explica con tus propias palabras qué significa:**

1. Publicidad de juguetes:

....

....

2. Juguetes domésticos:

....

....

3. Juguetes sexistas:

....

....

4. Estereotipos sexistas:

....

....

5. Juegos de dramatización:

....

....

APÉNDICE GRAMATICAL

Unidad 1

1. Presente

A. Verbos con irregularidades vocálicas

	e > ie sentirse	o > ue dormir	e > i vestirse	u > ue jugar
Yo	me siento	duermo	me visto	juego
Tú	te sientes	duermes	te vistes	juegas
Él/ella/usted	se siente	duerme	se viste	juega
Nosotros/as	nos sentimos	dormimos	nos vestimos	jugamos
Ellos/ellas/ustedes	se sienten	duermen	se visten	juegan

e > ie: empezar, mentir, entender, perder, querer, pensar...

o > ue: encontrar, contar, almorzar, volver...

e > i: elegir, seguir, pedir, servir, freír...

B. Verbos que solo son irregulares en la primera persona

Saber: **sé**, sabes, sabe, sabemos, saben.

Poner: **pongo**, pones, pone, ponemos, ponen.

Hacer: **hago**, haces, hace, hacemos, hacen.

Dar: **doy**, das, da, damos, dan.

Salir: **salgo**, sales, sale, salimos, salen.

Traer: **traigo**, traes, trae, traemos, traen.

C. Verbos con irregularidad consonántica

Todos los verbos terminados en **–ecer** o **–ucir** son irregulares en la primera persona:

Crecer: yo **crezco**, tú creces, él crece, nosotros crecemos, ustedes/ellos crecen.

Traducir: yo **traduzco**, tú traduces, él traduce, nosotros traducimos, ustedes/ellos traducen.

Otros verbos: conocer, parecer, conducir...

D. Verbos con más de una irregularidad

	decir	tener	venir	oír
Yo	digo	tengo	vengo	oigo
Tú	dices	tienes	vienes	oyes
Él/ella/usted	dice	tiene	viene	oye
Nosotros/as	decimos	tenemos	venimos	oímos
Ellos/ellas/ustedes	dicen	tienen	vienen	oyen

E. Verbos totalmente irregulares

	ser	
Yo	soy	voy
Tú	eres	vas
Él/ella/usted	es	va
Nosotros/as	somos	vamos
Ellos/ellas/ustedes	son	van

F. Verbos con cambio i > y

	construir	destruir
Yo	construyo	destruyo
Tú	construyes	destruyes
Él/ella/usted	construye	destruye
Nosotros/as	construimos	destruimos
Ellos/ellas/ustedes	construyen	destruyen

2. Antepresente (Pretérito perfecto compuesto)

Se construye con el presente del verbo auxiliar haber, más el participio de los verbos.

	Presente verbo haber	Participio de los verbos con –ar	Participio de los verbos con –er, –ir
Yo	he		
Tú	has		
Él/ella/usted	ha	hablado	comido
Nosotros/as	hemos		vivido
Ellos/ellas/ustedes	han		

Participios irregulares

poner → puesto	hacer → hecho	escribir → escrito	descubrir → descubierto
volver → vuelto	decir → dicho	abrir → abierto	componer → compuesto
morir → muerto	romper → roto	ver → visto	deshacer → deshecho

3. Pretérito (Pretérito perfecto simple)

Verbos regulares

	Verbos con –ar	Verbos con –er, –ir
Yo	viajé	entendí
Tú	viajaste	entendiste
Él/ella/usted	viajó	entendió
Nosotros/as	viajamos	entendimos
Ellos/ellas/ustedes	viajaron	entendieron

Verbos irregulares

estar	tener	poder	poner	saber	decir	traer
estuve	tuve	pude	puse	supe	dije	traje
estuviste	tuviste	pudiste	pusiste	supiste	dijiste	trajiste
estuvo	tuvo	pudo	puso	supo	dijo	trajo
estuvimos	tuvimos	pudimos	pusimos	supimos	dijimos	trajimos
estuvieron	tuvieron	pudieron	pusieron	supieron	dijeron	trajeron

ser/ir	hacer	venir	querer	dar
fui	hice	vine	quise	di
fuiste	hiciste	viniste	quisiste	diste
fue	hizo	vino	quiso	dio
fuimos	hicimos	vinimos	quisimos	dimos
fueron	hicieron	vinieron	quisieron	dieron

4. Copretérito (Pretérito imperfecto)

Verbos regulares

	Verbos con –ar	Verbos con –er, -ir
Yo	viajaba	entendía
Tú	viajabas	entendías
Él/ella/usted	viajaba	entendía
Nosotros/as	viajábamos	entendíamos
Ellos/ellas/ustedes	viajaban	entendían

Verbos irregulares

ser	ir	ver
era	iba	veía
eras	ibas	veías
era	iba	veía
éramos	íbamos	veíamos
eran	iban	veían

Cuando usamos el **antepresente** nos referimos a una acción iniciada en el pasado pero que continúa hasta el presente (desde entonces, hasta ahora, etc.). También al referirnos a una acción realizada una o varias veces en el pasado y que es posible realizar otra vez en el futuro (alguna vez, varias veces, etc.), o una acción no realizada pero que es posible realizarla en el futuro (todavía no, aún no).

Con el **pretérito** nos referimos a acciones pasadas y acabadas en un período tiempo terminado (ayer, el año pasado, en 1999, etc.). Con este tiempo nos referimos además a acciones no habituales en el pasado, acciones en las que se especifica el tiempo, la duración, el principio o el final.

El **copretérito** es el tiempo que empleamos para hacer una descripción en el pasado y para referirnos a acciones habituales en el pasado. Este tiempo no tiene unos "límites" temporales, es decir, es posible hacer una descripción dentro de un tiempo no terminado y también referida a un tiempo terminado.

5. **Pospretérito (Condicional simple)**

Verbos regulares: se construye tomando el infinitivo del verbo más las siguientes terminaciones, que son iguales para los verbos con –ar, -er, -ir:

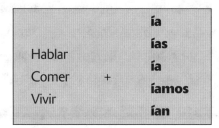

Hablar		**ía**
		ías
Comer	+	**ía**
		íamos
Vivir		**ían**

Verbos irregulares: usamos las mismas terminaciones, aunque cambia la raíz del verbo.

Verbos irregulares

poner → **pondría**	querer → **querría**	caber → **cabría**	valer → **valdría**
tener → **tendría**	hacer → **haría**	saber → **sabría**	poder → **podría**
venir → **vendría**	salir → **saldría**	haber → **habría**	decir → **diría**

Utilizamos el pospretérito para dar consejos o hacer recomendaciones. Para ello es posible usar las siguientes fórmulas: **yo que tú + pospretérito, yo en tu lugar + pospretérito**. Usamos además las perífrasis de obligación en pospretérito: **tendrías que + infinitivo, deberías + infinitivo, habría que + infinitivo.**

Unidad 2

1. **Antecopretérito (Pretérito pluscuamperfecto)**

El antecopretérito se forma con el copretérito del verbo *haber*, más el participio de los verbos:

Yo	había		
Tú	habías		trabajado
Él/ella/usted	había	+	entendido
Nosotros/as	habíamos		vivido
Ellos/ellas/ustedes	habían		

Las formas del participio de algunos verbos son irregulares:

morir → muerto	escribir → escrito
hacer → hecho	ver → visto
abrir → abierto	romper → roto
volver → vuelto	decir → dicho
descubrir → descubierto	poner → puesto

El antecopretérito se usa en español principalmente para referirnos a acciones pasadas anteriores a otra acción también pasada, y puede aparecer combinado con cualquiera de los otros tiempos del pasado.

— *Durante este año he visitado el museo tres veces, pero años pasados ya había estado ahí.*

— *Ayer fui al cine, aunque ya había visto todas las películas.*

— *No sabía que habían salido tan pronto.*

El antecopretérito puede usarse también en combinación con otros tiempos que se refieren al presente:

— *Estoy leyendo un libro que ya había leído.*

— *Ahora vivo en México, pero ya había vivido aquí hace unos años.*

Con este tiempo nos referimos también a acciones que realizamos por primera vez en el momento en que hablamos:

— *¡Nunca había disfrutado tanto!*

— *Nunca en mi vida había tenido tantos problemas.*

En ocasiones, especialmente cuando hablamos, es posible sustituir el antecopretérito por el pretérito. Esto solo puede hacerse cuando la referencia a un pasado anterior está muy clara gracias a los marcadores temporales o al contexto.

— *Ahora vivo en México, pero había vivido aquí hace unos años.*

— *Ahora vivo en México, pero viví aquí hace unos años.*

2. Conectores de discurso

Los conectores son palabras que sirven para conectar frases. Hay muchos tipos de conectores:

1. De consecuencia

Introducen la consecuencia haciendo énfasis en la relación causa-efecto: **por eso, por tanto, por esta razón, por este motivo.**

Estos conectores son equivalentes, se diferencian en el registro de uso, ya que los dos últimos tienen mayor grado de formalidad.

2. De causa

Porque. Es el conector más frecuente y neutro. Siempre se coloca en medio de las frases e introduce la causa de una acción. Las informaciones unidas con este conector causal se presentan como informaciones nuevas y tienen la misma importancia.

— *Esta semana no fui a trabajar **porque** estaba enfermo.*

Como. Va colocado al principio y presenta la situación previa que explica la información que da después, es decir, la causa es una información que se presenta como conocida y tiene una importancia secundaria.

— ***Como** estaba enfermo, no fui a trabajar esta semana.*

Es que. Presenta la causa como una justificación. Es un conector propio de la lengua coloquial y pocas veces aparece aislado sino más frecuentemente en la respuesta a una pregunta:

▷ *¿Por qué llegas tarde?*

▶ *Lo siento, **es que** perdí el autobús.*

3. Ideas contrarias

Introducen ideas casi contrarias. Sin embargo se emplea en registros más formales:

- **Pero:** *Me voy a la cama pero no tengo sueño.*
- **Sin embargo:** *La empresa realizó un gran esfuerzo, sin embargo no alcanzó los objetivos previstos.*

4. Organizativos

Sirven para organizar las ideas en un texto.

Por un lado... por otro (lado)...

Primeramente/en primer lugar...

En segundo lugar...

Finalmente/al final...

- *Por un lado me parece muy interesante tu propuesta pero por otro lado introduciría algunos cambios.*

5. Temporales

Cuando. Es la forma más neutra y presenta un suceso como contemporáneo a otro:

- *Cuando estudiaba en la universidad tenía muchos amigos.*

Mientras. Presenta un acontecimiento como contemporáneo a otro:

- *Mientras subía por el elevador, sonó el teléfono.*

Al mismo tiempo introduce dos acciones simultáneas:

- *Estaba estudiando en la universidad y al mismo tiempo trabajaba de mesero.*

Antes de: presenta una acción o acontecimiento como anterior a otro.

Después de: presenta una acción o acontecimiento como posterior a otro.

Estos dos conectores pueden ir seguidos de un sustantivo o de un verbo en infinitivo:

- *Después de la boda se fueron de viaje al Caribe.*
- *Antes de comer me lavo las manos.*
- *Ayer fui a la playa después de hacer la tarea.*

Al cabo de + cantidad de tiempo.

Cantidad de tiempo **+ después.**

Al cabo de y **después** se usan para informar del tiempo que pasa entre dos acontecimientos que pertenecen al pasado:

- *Terminé mis estudios en junio y al cabo de tres meses encontré trabajo.*
- *Tres meses después de terminar mis estudios encontré trabajo.*

Unidad 3

1. **Imperativo verbos regulares**

	Verbos con –ar		Verbos con –er		Verbos con –ir	
	afirmativo	negativo	afirmativo	negativo	afirmativo	negativo
Tú	canta	no cantes	bebe	no bebas	abre	no abras
Usted	cante	no cante	beba	no beba	abra	no abra
Ustedes	canten	no canten	beban	no beban	abran	no abran

2. **Imperativo verbos reflexivos**

El pronombre de los verbos reflexivos en imperativo afirmativo aparece detrás del verbo, formando con él una sola palabra. En el caso del imperativo negativo, los pronombres aparecen delante del verbo, formando dos palabras separadas.

Tú	báñate	no te duches
Usted	báñese	no se duche
Ustedes	báñense	no se duchen

3. **Imperativo verbos irregulares**

Los verbos con cambios vocálicos e > ie, o > ue, e > i, conservan su irregularidad en el imperativo.

Tú	piensa	no pienses
Usted	piense	no piense
Ustedes	piensen	no piensen

Tú	cuenta	no cuentes
Usted	cuente	no cuente
Ustedes	cuenten	no cuenten

Tú	sirve	no sirvas
Usted	sirva	no sirva
Ustedes	sirvan	no sirvan

4. Otros imperativos irregulares

	Conducir			Estar	
	afirmativo	**negativo**		**afirmativo**	**negativo**
Tú	conduce	no conduzcas	Tú	está	no estés
Usted	conduzca	no conduzca	Usted	esté	no esté
Ustedes	conduzcan	no conduzcan	Ustedes	estén	no estén

	Hacer			Ir	
	afirmativo	**negativo**		**afirmativo**	**negativo**
Tú	haz	no hagas	Tú	ve	no vayas
Usted	haga	no haga	Usted	vaya	no vaya
Ustedes	hagan	no hagan	Ustedes	vayan	no vayan

	Poner			Salir	
	afirmativo	**negativo**		**afirmativo**	**negativo**
Tú	pon	no pongas	Tú	sal	no salgas
Usted	ponga	no ponga	Usted	salga	no salga
Ustedes	pongan	no pongan	Ustedes	salgan	no salgan

	Ser			Tener	
	afirmativo	**negativo**		**afirmativo**	**negativo**
Tú	sé	no seas	Tú	ten	no tengas
Usted	sea	no sea	Usted	tenga	no tenga
Ustedes	sean	no sean	Ustedes	tengan	no tengan

	Venir		Decir		Oír	
	afirmativo	**negativo**	**afirmativo**	**negativo**	**afirmativo**	**negativo**
Tú	ven	no vengas	di	no digas	oye	no oigas
Usted	venga	no venga	diga	no diga	oiga	no oiga
Ustedes	vengan	no vengan	digan	no digan	oigan	no oigan

Existen además algunos verbos que son regulares, pero que tienen un cambio ortográfico:

Verbos que terminan en –car

	Tocar	
	afirmativo	**negativo**
Tú	toca	no to**ques**
Usted	to**que**	no to**que**
Ustedes	to**quen**	no to**quen**

Verbos que terminan en –gar

	Pagar	
	afirmativo	**negativo**
Tú	paga	no pa**gues**
Usted	pa**gue**	no pa**gue**
Ustedes	pa**guen**	no pa**gue**

- Usamos el imperativo para expresar órdenes, consejos o recomendaciones y dar instrucciones:

  Orden: —Levántate ahora mismo!   Consejo: —Habla con él.

  Instrucciones: *Introduzca su contraseña.*

- En ocasiones el imperativo puede resultar demasiado brusco, y por ello, los hablantes usamos otras formas más corteses:

  Orden: —¿Te importa levantarte?   Consejo: —Deberías hablar con él.

- Es muy habitual usar el imperativo acompañado de pronombres personales. Cuando el verbo en imperativo aparece acompañado de un pronombre de objeto directo (O.D.), el pronombre se coloca detrás formando una sola palabra en su forma afirmativa, y delante en forma negativa:

  Termina <u>la comida</u>.   →   termína<u>la</u>.   ;   no <u>la</u> termines.
       O.D.   O.D.   O.D.

  Sucede lo mismo con los pronombres de objeto indirecto (O.I.):

  Pregunta <u>al profesor</u>.   →   pregúnta<u>le</u>.   ;   no <u>le</u> preguntes.
       O.I.   O.I.   O.I.

- Cuando un verbo en imperativo aparece acompañado de los dos pronombres, el orden de los pronombres aparece invertido; primero el O.I. y después el O.D. Si además el O.I es la tercera persona "le" o "les", se sustituye por "se".

  Explica <u>la lección</u> <u>a mí</u>.   →   explíca<u>mela</u>.   ;   no <u>me</u> <u>la</u> expliques.
       O.D.   O.I.   O.I. O.D.   O.I. O.D.

  Da <u>el caramelo</u> <u>al niño</u>.   →   dá<u>selo</u>.   ;   no <u>se</u> <u>lo</u> des.
       O.D.   O.I.   O.I. O.D.   O.D. O.I.

Unidad 4

1. **Presente de subjuntivo. Verbos regulares**

En presente de subjuntivo, los verbos terminados en –ar se forman con la terminación –e, y los verbos que terminan en –er o –ir se forman con la terminación –a.

	Trabajar	Comprender	Asistir
Yo	trabaj**e**	comprend**a**	asist**a**
Tú	trabaj**es**	comprend**as**	asist**as**
Él/ella/usted	trabaj**e**	comprend**a**	asist**a**
Nosotros/as	trabaj**emos**	comprend**amos**	asist**amos**
Ellos/ellas/ustedes	trabaj**en**	comprend**an**	asist**an**

- **Verbos con irregularidad vocálica**: los verbos con irregularidad vocálica en presente de indicativo, conservan dicha irregularidad en el presente de subjuntivo.

	e > ie	o > ue	e > i	u > ue
Yo	ent**ie**nda	enc**ue**ntre	v**i**sta	j**ue**gue
Tú	ent**ie**ndas	enc**ue**ntres	v**i**stas	j**ue**gues
Él/ella/usted	ent**ie**nda	enc**ue**ntre	v**i**sta	j**ue**gue
Nosotros/as	ent**e**ndamos	enc**o**ntremos	v**i**stamos	j**u**guemos
Ellos/ellas/ustedes	ent**ie**ndan	enc**ue**ntren	v**i**stan	j**ue**guen

2. **Presente de subjuntivo. Verbos irregulares**

Los verbos **dormir** y **morir** conservan su irregularidad en todas las personas del presente de subjuntivo:

Yo	duerma	muera
Tú	duermas	mueras
Él/ella/usted	duerma	muera
Nosotros/as	durmamos	muramos
Ellos/ellas/ustedes	duerman	mueran

– **Verbos con irregularidad consonántica:** los verbos que son irregulares en la primera persona del singular del presente de indicativo, mantienen dicha irregularidad en todas las personas del subjuntivo.

salgo → salga	hago → haga	vengo → venga	tengo → tenga
salgas	hagas	vengas	tengas
salga	haga	venga	tenga
salgamos	hagamos	vengamos	tengamos
salgan	hagan	vengan	tengan

traigo → traiga	digo → diga	conozco → conozca	destruyo → destruya
traigas	digas	conozcas	destruyas
traiga	diga	conozca	destruya
traigamos	digamos	conozcamos	destruyamos
traigan	digan	conozcan	destruyan

oigo → oiga	pongo → ponga	valgo → valga
oigas	pongas	valgas
oiga	ponga	valga
oigamos	pongamos	valgamos
oigan	pongan	valgan

– **Otros verbos irregulares**

	ir	ser	estar	saber
Yo	vaya	sea	esté	sepa
Tú	vayas	seas	estés	sepas
Él/ella/usted	vaya	sea	esté	sepa
Nosotros/as	vayamos	seamos	estemos	sepamos
Ellos/ellas/ustedes	vayan	sean	estén	sepan

	ver	haber	dar
Yo	vea	haya	dé
Tú	veas	hayas	des
Él/ella/usted	vea	haya	dé
Nosotros/as	veamos	hayamos	demos
Ellos/ellas/ustedes	vean	hayan	den

3. Usos del subjuntivo

1. Expresar deseos: en español podemos expresar un deseo usando la siguiente estructura:

desear / querer / necesitar / preferir / esperar + **infinitivo**

En este caso, las oraciones tienen un único sujeto:

    (Yo)   *quiero comprar un carro nuevo.*
    (Nosotros)   *esperamos ir de vacaciones muy pronto.*
    (Ustedes)   *necesitan estudiar más.*

2. En ocasiones queremos expresar un deseo hacia otras personas. En este caso usamos la estructura:

desear / querer / necesitar / preferir / esperar + que + **subjuntivo**

El segundo verbo aparece obligatoriamente en subjuntivo:

    — *(Yo) quiero que* (tú) *compres un carro nuevo.*
    — *(Nosotros) esperamos que* (ellos) *vayan pronto de vacaciones.*
    — *(Ustedes) necesitan que* (yo) *estudie más.*

3. El presente de subjuntivo, además de su valor como presente, sirve en español para expresar una idea de futuro:

    — *Espero que mañana vengas a mi fiesta.*
    — *Preferimos que ustedes compren los boletos esta tarde.*

4. Con el subjuntivo no expresamos únicamente un deseo; también es posible dar órdenes, consejos o recomendaciones, peticiones, y conceder o negar permiso. Los verbos que podemos usar en este caso son *ordenar, mandar, aconsejar, recomendar, pedir, permitir, prohibir,* etc.

Tienen la misma regla que los verbos de deseo: cuando solo hay un sujeto, el segundo verbo aparece en infinitivo pero si tenemos dos sujetos diferentes, el segundo verbo aparece en subjuntivo:

    — *Mi madre me ordenó que limpie mi cuarto todos los días.*
    — *Te aconsejo que te levantes un poco antes para no llegar siempre tarde.*
    — *Les recomiendo que prueben el ceviche.*
    — *Ellos nos piden que les expliquemos el uso del subjuntivo.*
    — *Mis padres no me permiten que llegue a casa más tarde de la una.*
    — *Los médicos me prohíben que coma chocolate.*

Unidad 5

1. Morfología verbal

Futuro (Futuro simple)		Antefuturo (Futuro compuesto)		Pospretérito (Condicional simple)	
Verbo infinitivo + é		HABER + PARTICIPIO		Verbo infinitivo + ía	
	as	Habré			ías
-AR	á	Habrás	-ado	-AR	ía
-ER	emos	Habrá	+	-ER	íamos
-IR	án	Habremos	-ido	-IR	ían
		Habrán			

2. Usos del futuro

1. Para hacer hipótesis (cosas que suponemos) en un tiempo presente:

    ▷ *¿Sabes dónde **está** Ana?, la **estoy llamando** al despacho y no responde.*

    ► *No sé, **estará** comiendo, es su hora de descanso.*

2. Para hablar de un tiempo futuro con marcadores como **mañana, el año próximo, dentro de dos días**, etc. (cuando no se trata de planes, sino de intenciones):

    — *El próximo año **iremos** de vacaciones a Australia.*

3. Para hacer predicciones (horóscopo, tiempo...):

    — *Hoy **tendrá** un día fantástico, **conocerá** al amor de su vida.*

    — *Mañana **lloverá** en zonas de la zona de Yuxcatán.*

3. Usos del antefuturo

1. Lo usamos para hablar de una acción anterior a otra acción en el futuro.

    — *Cuando vengas por mí, ya **habré terminado** el examen.*

2. Lo usamos para hablar de acciones futuras que estarán terminadas en el momento del que hablamos.

    — *Al final de mes Juan y María **habrán recorrido** todo Centroamericana.*

3. Lo usamos para formular hipótesis (cosas que suponemos) sobre un tiempo pasado, pero reciente.

    ▷ *Esta mañana **llamé** a Luisa, pero no estaba en su casa.*

    ► *Pues no sé, **habrá ido** a visitar a su mamá, está enferma.*

4. Usos del pospretérito

1. Dar consejos:

> **Yo que tú,**
> **Yo en tu lugar,** + POSPRETÉRITO
> **Yo,**
>
> Pospretérito de   **DEBER**   +   INFINITIVO
>   **PODER**

    — *Yo que tú **estudiaría** más.*

    — ***Deberías estudiar** más si quieres aprobar el examen.*

2. Expresar cortesía:

    ▷ *Hola, buenos días, ¿en qué puedo ayudarle?*

    ► *Buenos días. **Querría** información sobre Villa del Mar (Chile).*

3. Para formular hipótesis (cosas que suponemos) en un tiempo pasado. Es este caso tiene relación con el copretérito y el pretérito:

    ▷ *¿Sabes a qué hora **llegó** ayer María Luisa?*

    ► *Pues no sé, **llegaría** sobre las tres de la tarde porque tomó el tren de las dos.*

▷ *¿Sabes qué le **pasaba** ayer a Luis Miguel? **Estaba** muy raro.*

► *Pues no lo sé, supongo que le **dolería** la cabeza.*

4. Para expresar deseos (con valor de futuro):

— ***Desearía** comprarme un carro nuevo.*

— ***Me gustaría** ir de vacaciones a Jamaica.*

5. Para lamentarnos por algo que pasó en el pasado y que podíamos haber evitado, pero ahora es demasiado tarde.

> **¡Por qué** + pospretérito!
>
> Copretérito **TENER que** + Infinitivo compuesto
>
> **Eso me/te/le... PASA por** + Infinitivo compuesto

— *¡Por qué no **estudiaría** más para el examen!*

— ***Tenía que haber estudiado** más para el examen.*

— ***Eso me pasa por no haber estudiado** más para el examen.*

5. Formular hipótesis

Las hipótesis (cosas que suponemos) las podemos formular en:

Tiempo pasado	Tiempo pasado (reciente)	Tiempo presente
— *¿Sabes a qué hora **llegó** ayer Luisa?* — *Pues no sé, **llegaría** sobre las tres de la tarde porque tomó el tren de las dos.*	— *¿Sabes a qué hora **llegó** esta tarde Luisa?* — *Pues no sé, **habrá llegado** sobre las tres de la tarde porque tomó el tren de las dos.*	— *¿Sabes dónde **está** Ana?, la **estoy llamando** al despacho y no responde.* — *No sé, **estará** comiendo, es su hora de descanso.*

Para expresar la probabilidad, además de los tiempos verbales, podemos utilizar los siguientes marcadores:

PROBABILIDAD ALTA	PROBABILIDAD MEDIA	PROBABILIDAD BAJA
Creo que **Me parece que** **Seguro que** + indicativo	**Supongo que** **Me imagino que** **Probablemente** + indicativo	**Quizá(s)** **A lo mejor** + indicativo

— *Creo que Teresa viene a la fiesta.*   — *Quizás viene Teresa a la fiesta.*

Unidad 6

1. Probabilidad con subjuntivo

En la unidad anterior vimos cómo podemos expresar la probabilidad con diferentes tiempos verbales (pospretérito, futuro y antefuturo) y con expresiones como:

Creo que / Me imagino que / Quizá / A lo mejor / Lo mismo / Igual / Etc. + indicativo

Pero también podemos expresar la probabilidad con adverbios y locuciones adverbiales seguidas de **indicativo** o **subjuntivo,** dependiendo del grado de seguridad:

Puede (ser) / Es posible / Es probable	+	que	+	subjuntivo

- — **Puede que** hoy Maribel no **venga** a trabajar porque ayer estaba enferma.
- — **Es probable que** Felipe no **viaje** este verano a Panamá con nosotros, tiene mucho trabajo.

Quizá(s) / Tal vez / Posiblemente / Probablemente	+	indicativo / subjuntivo

En estos casos se construye en indicativo o subjuntivo dependiendo del grado de seguridad que queremos transmitir (más seguridad con indicativo).

En la lengua coloquial es más usual utilizar **quizá(s)** + subjuntivo:

▷ ¿Qué haces este fin de semana?

▶ Aún no sé, pero **quizás VAYA** con Juan y Teresa a la fiesta de Pablo.

▷ Pedro, ¿y tú irás a la fiesta de Pablo?

▶ Pues no sé, **tal vez VOY**, si salgo pronto de trabajar.

2. Pronombres y adjetivos indefinidos

Pronombres indefinidos invariables

	Personas	Cosas
Existencia	**alguien**	**algo**
No existencia	**nadie**	**nada**

▷ ¿Esta mañana me llamó **alguien**?

▶ No, no te llamó **nadie.**

▷ Pablo, ¿quieres tomar **algo**, una cerveza, un tequilita...?

▶ No gracias, no quiero **nada** ahora, acabo de tomar un refresco.

Pronombres indefinidos variables

(Para referirnos tanto a personas como cosas)

	Singular	Plural
Existencia	**alguno, –a**	**algunos, –as**
No existencia	**ninguno, –a**	

Adjetivos indefinidos

(Para referirnos tanto a personas como cosas)

	Singular	Plural
Existencia	algún, –a	algunos, –as
No existencia	ningún, –a	

▷ *Buenos días, ¿tiene **alguna** revista fotográfica?*

▶ *Sí, tenemos **algunas** en la estantería del fondo.*

▷ *¿Compraste la revista que te pedí?*

▶ *No compré **ninguna** porque eran muy caras.*

Unidad 7

1. Expresiones de valoración con infinitivo

Ser		adjetivo		
	+	sustantivo	+	infinitivo
Parecer		adverbio		

Esta estructura la utilizamos cuando la valoración:

— se refiere a las acciones realizadas por el mismo sujeto que las expresa.

— se formula de forma general o sin referencia a una persona concreta.

Es { **una tontería** / **fantástico** / **bueno** }
- **creer** *lo que dicen los horóscopos, es todo mentira.*
- **salir** *a cenar sin niños, ¡qué descanso!*
- **ser** *sincero con tu pareja para mantener una buena relación.*

Me parece { **bien** / **una tontería** / **muy mal** }
- **caminar** *una hora cada día para estar en forma.*
- **estar** *aquí esperando, no van a venir.*
- **hablar** *de personas que no se pueden defender.*

2. Expresiones de valoración con subjuntivo

Ser		adjetivo				
	+	sustantivo	+	que	+	subjuntivo
Parecer		adverbio				

La utilizamos cuando la valoración se refiere a las acciones que realizan otras personas.

Es { **natural** / **fantástico** / **una tontería** / **horrible** } **que**
- **lleguen** *tarde, siempre salen con el tiempo justo.*
- *Felipe **venga** a la fiesta de esta noche; es tan divertido.*
- **creas** *eso, yo nunca te miento.*
- **hayan** *despedido a Fernando.*

Me parece { **bien** / **una barbaridad** / **muy mal** } **que**
- *Jesús no **venga**, es un aguafiestas.*
- **veas** *esos programas de televisión.*
- **diga** *esas cosas de ti.*

3. Expresiones para confirmar una realidad, con indicativo

Ser	+	adjetivo	+	que	+	indicativo
Estar	+	claro	+	que	+	indicativo

Utilizamos estas estructuras con oraciones afirmativas.

Los adjetivos que vamos a emplear con **ser** son: *evidente, obvio, verdad, indudable, cierto, etc.*

Con **estar** solo vamos a utilizar *claro*.

Es { *cierto* / *indiscutible* / *verdad* / *evidente* } **que** { *mucha gente va a las rebajas.* / *se está produciendo un cambio climático.* / *la guerra es un gran error.* / *Félix dice muchas mentiras.* }

Está { *claro* } **que** { *hoy no viene Ana a trabajar, ya son las diez.* }

4. Expresiones para confirmar una realidad, con subjuntivo

No {	ser	+	adjetivo	+	que	+	subjuntivo
	estar	+	claro	+	que	+	subjuntivo

Utilizamos estas estructuras con oraciones negativas.

No { **es** { *cierto* / *discutible* / *verdad* / *evidente* } **que** { *mucha gente vaya a las rebajas.* / *se esté produciendo un cambio climático.* / *el gobierno tenga razón sobre este tema.* / *Félix diga muchas mentiras.* }

está { *claro* } **que** { *hoy no venga Ana a trabajar, no son las diez.* }

5. Expresar la opinión

1. Cuando la oración es afirmativa:

Creo/Pienso/Supongo/Entiendo/Me parece/etc. + que + la opinión en indicativo

— **Creo que** *la última película de Salma Hayek no es demasiado buena.*
— **Me parece que** *la educación pública en Venezuela ha mejorado últimamente.*
— **Entiendo que** *lo que estás diciendo es para defender a Margarita.*

En mi opinión/A mi modo de ver/Para mí/etc. + la opinión en indicativo

— **Para mí,** *Antonio y Lola cometen un error casándose tan jóvenes.*
— **A mi modo de ver,** *el último artículo de Montero es un acierto total.*
— **En mi opinión,** *los programas televisivos no siempre son educativos.*

La opinión en indicativo + en mi opinión, por lo menos/vamos, creo yo/al menos para mí/etc.

— *La última película de Rigoberto es fantástica, al menos para mí.*
— *El libro que estás leyendo es aburridísimo, vamos, creo yo.*

2. Cuando la oración es negativa:

No + creo/pienso/entiendo/me parece/etc. + que + la opinión en subjuntivo

No { creo / entiendo / me parece } **que** { *Felipe venga a la fiesta, está muy enojado.* / *estés haciendo esto por amor.* / *tengas razón en lo que dices.* }

6. Preguntar por la opinión

Cuando queremos preguntar a otra persona por la opinión respecto a algún tema, utilizamos las siguientes formas:

¿Tú qué crees?	¿Usted qué cree?
¿A ti qué te parece?	¿A usted qué le parece?
¿Tú qué opinas de esto?	¿Usted qué opina?
¿Qué piensas del tema?	¿Usted qué piensa?
¿Y tú cómo lo ves?	Etc.
Etc.	

7. Uso de los pronombres en la expresión de la opinión

Muchas veces usamos los pronombres personales para resaltar que somos nosotros mismos quienes estamos dando la opinión o para contrastarla con la de otras personas. En estos casos, el pronombre personal tiene una función enfática y de contraste:

— **Yo** creo que no era así cómo se tenía que hacer, pero **él** opinaba que sí.

— Pues **yo** pienso que Manuel tiene razón.

8. Expresar acuerdo y desacuerdo

1. Mostrar acuerdo con las opiniones de otras personas:

Estoy de acuerdo **con**	+	esa idea/eso Luis + **en lo de que...** **lo de** + nombre/infinitivo + **que...**	+	opinión en indicativo

— *Estoy de acuerdo **con lo de que** Luis siempre llega tarde a las reuniones.*

— *Estoy de acuerdo **con** Pedro **en lo de que** Luis siempre llega tarde a la reuniones.*

— *Estoy de acuerdo **con lo de que** siempre llega tarde a las reuniones.*

Yo pienso lo mismo **que**	+	tú Luis	+ **en lo de que...**	+	opinión en indicativo

— *Yo pienso lo mismo **que** Pedro **en lo de que** Luis siempre llega tarde a las reuniones*

Tienes razón	+	**en que** **en lo de que**	+ nombre/infinitivo +	opinión en indicativo

— *Tienes razón **en que** llegar tarde a las reuniones es un problema.*

— *Tienes razón **en lo de que** Luis siempre llega tarde a las reuniones.*

Yo creo que	+	**lo de**	+	nombre/infinitivo	+	opinión en indicativo

— *Yo creo **que lo de** prohibir las manifestaciones es un error político grave.*

— *Yo creo **que lo de** Luis es algo que hay que hablarlo seriamente.*

Con las formas **lo de/eso** hacemos referencia a las palabras dichas por otras personas.

2. Mostrar desacuerdo con las opiniones de otras personas:

No estoy de acuerdo con	+	esa idea/eso Luis **+ en lo de que ...** **lo de** + nombre/infinitivo + **que...**	+	opinión en indicativo/ subjuntivo

— *No estoy de acuerdo **con lo de que** Luis siempre **llega/llegue** tarde a las reuniones.*

— *No estoy de acuerdo **con** Pedro **en lo de que** Luis siempre **llega/llegue** tarde a las reuniones.*

— *No estoy de acuerdo **con lo de que** siempre **llega/llegue** tarde a las reuniones.*

Yo no pienso lo mismo **que**	+	tú Luis	**+ en lo de que...**	+	opinión en indicativo/ subjuntivo

— *Yo no pienso lo mismo **que** Pedro **en lo de que** Luis siempre **llega/llegue** tarde a las reuniones.*

No tienes razón	+	**en que** **en lo de que**	+ nombre/infinitivo	+	opinión en indicativo/ subjuntivo

— *No tienes razón **en que** llegar tarde a las reuniones **es/sea** un problema.*

— *No tienes razón **en lo de que** Luis siempre **llega/llegue** tarde a las reuniones.*

Yo no creo que	+	**lo de**	+	nombre/infinitivo	+	opinión en subjuntivo

— *Yo no creo **que lo de** prohibir las manifestaciones **sea** un error político grave.*

— *Yo no creo **que lo de** Luis **sea** algo que **haya** que hablarlo seriamente.*

– Cuando utilizamos la forma negativa y el verbo en **indicativo** expresamos que la información que damos corresponde a la realidad. – Cuando utilizamos la forma negativa y el verbo en **subjuntivo** expresamos que no aceptamos lo que dice la otra persona.

3. Cuando queremos mostrar un acuerdo parcial, utilizamos las siguientes estructuras:

Sí,	+	estoy de acuerdo, claro, por supuesto, desde luego, tienes razón	+	pero sin embargo	+	opinión en indicativo

Ejemplos:

> ▷ *Estoy de acuerdo con que prohíban tomar en la vía pública.*

> ► *Sí, claro, pero hay que pensar también en los jóvenes.*

4. Para expresar total desacuerdo, casi enfado, respecto a la opinión de otras personas.

Pues yo no pienso así.	¡Pero de qué hablas! / ¿Cómo crees?
Pues yo no estoy para nada de acuerdo.	No tienes ni idea de lo que estás diciendo.
Ni hablar, eso no es así.	

9. Marcadores de discurso

Para organizar el discurso disponemos de los siguientes marcadores:

1. Para ordenar la información: En primer lugar Para empezar Por una parte	**4. Para introducir una idea que se opone o contrasta con lo que hemos dicho antes:** Pero Sin embargo
2. Para continuar con la siguiente idea o añadir información: En segundo lugar, tercer lugar... Además Por otra parte	**5. Para expresar causa:** Porque Ya que Puesto que
3. Para introducir un nuevo argumento o idea: Respecto a En cuanto a	**6. Para concluir/finalizar:** Por último En definitiva Para terminar En conclusión

Unidad 8

1. Ser/Estar I

Usos generales

Ser	Estar
1. Nacionalidad. — *Roberto es dominicano.* **2.** Procedencia. — *Las naranjas son de Veracruz.* **3.** Identificar a una persona o cosa. — *Este es Roberto.* — *Esta es la nueva alumna.* **4.** Describir personas y cosas. — *Pedro es alto y simpático.* — *La bolsa es azul y grande.*	**1.** Expresar estados físicos o emocionales con carácter temporal, provocados por un cambio. — *Juan está triste, su novia lo dejó.* — *Marisol está enferma, se pasó toda la noche tosiendo.* — *La ventana está rota.* **2.** Profesión (con carácter temporal). — *Felipe está de mesero en un antro.*

Ser	Estar
5. Materia. — *El pantalón* **es** *de algodón.* **6.** Posesión. — *La carpeta pequeña* **es** *mía.* — *El carro* **es** *de Juan.* **7.** Profesión (con carácter permanente). — *Ángel* **es** *arquitecto.* — *José Manuel* **es** *el jefe del departamento de ventas.* **8.** Fecha. — *Hoy* **es** *jueves.* — *Mi cumpleaños* **es** *mañana.* **9.** Hora. — ***Son*** *las cuatro de la tarde.* — *La fiesta* **es** *a las tres.* **10.** Precio (para preguntar y decir el precio total). —*¿Cuánto* **es** *por todo?* —***Son*** *120 pesos.* **11.** Lugar de celebración de un evento. — *La conferencia* **es** *en la universidad.* **12.** Hacer valoraciones: ***ser*** + adjetivo — ***Es*** *importante que vayas a la reunión.* **13.** Expresar cantidad (con demasiado, poco, mucho, bastante...). — *Este cuarto es demasiado pequeño.* — *Es un poco joven para este trabajo.*	**3.** Precio variable. — *La vivienda* **está** *muy cara últimamente.* — *¿A cuánto* **está** *el salmón?* — *Hoy* **está** *a 210 pesos el kilo.* **4.** Localización en el espacio y en el tiempo. — *La botella* **está** *sobre la mesa.* — *Islas Mujeres* **está** *en el mar Caribe.* — *¿A cuánto estamos?* — *Hoy* **estamos** *a 25 de mayo.* **5.** Hacer valoraciones: ***estar*** + bien/mal/claro — ***Está bien*** *que digas la verdad.* — ***Está claro*** *que no tienes razón.* **6.** Expresar acciones en proceso: ***estar*** + gerundio — *Luisa* **está hablando** *por teléfono desde hace una hora.* **7.** Descripción subjetiva del aspecto de una persona o cosa. — *José Antonio* **está** *muy mayor para la edad que tiene, ¿no crees?*

2. Ser/Estar II

Ser/Estar + adjetivo

Podemos hacer dos grupos, según el significado que adquiere el adjetivo al ir con **ser** o con **estar**:

1. El adjetivo **no cambia** de significado, pero recibe un matiz de carácter **permanente** con el verbo SER y de **temporal** con el verbo ESTAR.

Son adjetivos que normalmente hacen referencia al carácter de la persona: simpático/a, amable, sincero/a, trabajador/a, abierto/a, extrovertido/a, introvertido/a, callado/a,...

- Característica permanente:

    Carlos **es** *muy generoso, siempre trae regalos para todos.*

- Característica temporal:

    Carlos **está** *muy generoso desde que le subieron el sueldo.*

2. Se produce un **cambio semántico.** Son adjetivos con doble significado.

Adjetivos	Ser	Estar
verde	**Ser ecologista** o de **color verde.** — *Juan es verde (es ecologista).* — *El carro es verde (de color verde).*	**No estar preparado o tener poca experiencia.** — *Mi profesor dice que no me presente al examen, que estoy un poco verde todavía.*
flojo	**Perezoso.** — *Manuel nunca hace la tarea, es muy flojo.*	**No estar apretado, suelto.** — *Este pantalón está muy apretado. Prefiero usar este otro que está más flojo.*
listo	**Inteligente.** — *Mi hijo es muy listo, tuvo mención honorífica.*	**Estar preparado.** — *Marisol no está lista, aún tiene que vestirse.*
atento	**Amable.** — *José Luis es muy atento, siempre que viene trae un ramo de flores.*	**Prestar atención.** — *José Luis nunca está atento y tengo que explicarle las cosas varias veces.*
vivo	**Astuto.** — *Francisco es vivo, entiende todo sobre computadoras.*	**Tener vida.** — *A pesar del accidente, Francisco está vivo.*
bueno	**Persona bondadosa.** **Producto de buena calidad.** — *Pedro es un chavo muy bueno, siempre ayuda a sus papás.* — *Este ron de República Dominicana es muy bueno.*	**Bien de salud.** **Persona atractiva.** **Producto con buen sabor.** — *Pepe estuvo muy enfermo, pero ya está bueno, mañana viene a trabajar.* — *¿Viste al chavo nuevo? ¡Está buenísimo! Es alto, moreno y además simpático. (coloquial).*
malo	**Persona con maldad.** **Producto de mala calidad.** — *Felipe es malo de verdad. El otro día se enojó con Antonio y le pinchó las cuatro ruedas.* — *Este tequila es malísimo, no sé cómo te lo puedes beber.*	**Enfermo.** **Alimento con mal sabor.** — *Felipe está todavía malo, no puede moverse porque se marea.* — *Este ceviche está malo, creo que el pescado no es de hoy.*
despierto	**Persona rápida en aprender.** — *Pablito es un niño muy despierto, solo tiene cuatro años y ya sabe leer.*	**No dormido.** — *Puedes llamarme aunque sea tarde. A las doce de la noche aún estoy despierto.*
orgulloso	**Arrogante, soberbio.** — *José Luis es muy orgulloso, no pide nunca un favor a nadie.*	**Contento, satisfecho.** — *Los Martínez están muy orgullosos de su hijo. Estudió toda la carrera de arquitectura con beca.*

Expresiones idiomáticas con **ser** o **estar**.

Ser
Ser uña y carne: estar muy unidos.
Ser codo: no le gusta gastar su dinero. Ahorra en todo.
Ser un fresa: persona superficial, que le importa mucho la moda, los diseñadores, las marcas y los lugares exclusivos.
Ser un aguafiestas: persona que fastidia cualquier plan, fiesta, situación... con su actitud negativa.

Estar
Estar en blanco (en algún tema): no saber nada.
Estar como un palillo: estar muy delgado.
Estar rendido: estar muy cansado.
Estar bruja: no tener dinero.
Estar como pez en el agua: estar muy cómodo.

3. Oraciones de relativo

> Las oraciones de relativo tienen la misma función que un adjetivo, es decir, sirven para **identificar** o **describir** cosas o personas.

> — *La casa **que tiene más plantas** es mía. = La casa **abarrotada de plantas** es mía.*
> — *El muchacho **que tiene el cabello rubio** es mi primo. = El muchacho **rubio** es mi primo.*

Pero no siempre es posible definir con un adjetivo, en estos casos es necesario el uso de las oraciones de relativo:

> — *La casa **que está en la esquina** es mía.*
> — *El muchacho **que lleva los pantalones a cuadros** es mi primo.*

> La cosa o persona a la que se refiere la oración de relativo se llama **antecedente.** El pronombre que lo sustituye puede ser QUE (personas o cosas) o DONDE (lugar).

Estructura de las oraciones de relativo

antecedente	+	pronombre relativo	+	indicativo
				subjuntivo

> — *Los estudiantes que **terminaron** el examen pueden salir.*
> — *Busco una persona que **sea** capaz de traducir estos textos del ruso.*

Usamos indicativo

Cuando lo que decimos del **antecedente** es algo seguro porque es **conocido**:

> — *La escuela **donde estudio** español está muy lejos de mi casa.*
> — *El gato **que tiene** Fernando es un donjuán, todas las noches anda por el tejado.*

Usamos subjuntivo

1. Cuando el **antecedente** es **desconocido** y no podemos definirlo o identificarlo con exactitud:

> — *Estoy buscando un libro **que hable** de los problemas emocionales de la juventud.*

2. Cuando **preguntamos** por la **existencia** o **no** de una cosa o persona:

¿Hay ¿Conoces (a) ¿Sabes si hay	+	pronombre/adjetivo indefinido	+	pronombre relativo	+	subjuntivo

> — *¿Hay alguna persona **que pueda** explicar por qué Antonio no está aquí?*
> — *¿Conoces a alguien **que sepa** tocar la guitarra eléctrica?*
> — *¿Sabes si hay algo en el refrigerador **que se pueda** comer?*

3. Cuando **negamos la existencia** de una cosa o persona:

No hay	+	pronombre/adjetivo indefinido	+	pronombre relativo	+	subjuntivo

— En esta reunión **no** hay nadie **que sea** capaz de decir una mentira como esa.

— **No** hay ninguna tienda cerca de aquí **que venda** revistas de fotografía.

4. Cuando expresamos **escasez de algo**:

Hay **poco, -a, -os, -as**	+	nombre	+	pronombre relativo	+	subjuntivo

— En esta asociación hay **poca** gente **que** no **tenga** hijos pequeños.

5. Cuando **pedimos** algo, especificando lo que queremos:

¿Me prestas ¿Tienes ¿Me das	+	cosa	+	pronombre relativo	+	subjuntivo?

— ¿Me prestas un libro **que trate** el tema de la interpretación de los sueños?

— ¿Tienes algo **que sirva** para quitar manchas de fruta?

— ¿Me das una cosa **que pegue** plástico y madera?

Necesito Quiero	+	cosa/ persona	+	pronombre relativo	+	subjuntivo

— Necesito a alguien **que entienda** de ordenadores, el mío no funciona.

— Quiero algo **que ahuyente** las hormigas.

Unidad 9

1. Oraciones temporales I

Hay marcadores gramaticales que permiten relacionar dos sucesos desde un punto de vista temporal.

Estos marcadores los podemos clasificar por el matiz temporal que añaden a la acción del verbo principal:

1. Para expresar que una acción es habitual:

Cuando: (es la forma más usada)

— Cuando estaba en Puerto Vallarta, iba todos los días a la playa.

— Todos los días cuando llego a casa me baño.

2. Para expresar dos acciones simultáneas:

Mientras: mientras + acontecimiento + acontecimiento

— Mientras yo compro en el mercado, tú puedes ir al banco.

Mientras tanto: acontecimiento + mientras tanto + acontecimiento

— Fernando prepara la cena. Mientras tanto yo acuesto a los niños.

> La diferencia entre "mientras" y "mientras tanto" es que en el segundo caso las informaciones que se presentan como contemporáneas son nuevas para el interlocutor. En cambio, la información introducida directamente por "mientras" ya es conocida por el interlocutor.

3. Para expresar que la acción se repite cada vez que se realiza la otra acción:

Siempre que: — *Siempre que escucho esta canción, me pongo a bailar.*

Cada vez que: — *Cada vez que viene, trae regalos para todos.*

Todas las veces que: — *Todas las veces que salgo con José, pasa algo.*

4. Para expresar que una acción es inmediatamente posterior a otra:

Tan pronto como: — *Tan pronto como lleguen, nos iremos.*

En cuanto: — *En cuanto termines de comer, nos vamos al cine.*

Nada más: — *Nada más salir de casa, empezó a llover.*

5. Para expresar el límite de la acción:

Hasta que (no)**:** — *Hasta que no venga Maribel, no nos podemos ir.*

6. Para expresar que una acción es anterior a otra:

Antes de (que):

— *Antes de firmar el contrato, hay que leerlo detenidamente.*

— *Antes de la reunión, tenemos que hablar seriamente con Julián.*

> En los casos en los que aparece **antes de + sustantivo** estos sustantivos suelen hacer referencia a *fechas, cantidades de tiempo* o a sucesos como *el examen, la boda, el entierro, la conferencia,* etc.

7. Para expresar que una acción es posterior a otra:

Después de (que):

— *Después del examen, nos vamos a tomar unas chelas.*

— *Después de que salgas del trabajo, iremos a comprar.*

> En los casos en los que aparece **después de + sustantivo** estos sustantivos suelen hacer referencia a *fechas, cantidades de tiempo* o a sucesos como *el examen, la boda, el entierro, la conferencia,* etc.

8. Para expresar el período de tiempo que separa dos sucesos:

Al cabo de **A los/las**	+	cantidad de tiempo

— *Nos vimos por primera vez en febrero y, al cabo de tres meses, nos casamos.*

— *Salimos de casa a las diez y, a las dos horas, tuvimos que volver porque no paraba de llover.*

Cantidad de tiempo	+	**después** **más tarde**

— *Hice el último examen en mayo y, tres semanas después, ya tenía trabajo.*

— *Tomamos el avión a las tres y, quince minutos más tarde, tuvo que aterrizar.*

2. **Oraciones temporales II**

Los marcadores temporales que acabamos de estudiar pueden ir seguidos de infinitivo, indicativo o subjuntivo.

Marcador temporal + infinitivo

En este caso, el sujeto de las dos oraciones es el mismo:

> — ***Antes de*** *terminar la carrera, empecé a trabajar.*
> — ***Después de*** *viajar a Puebla, le cambió la vida.*
> — ***Nada más*** *entrar en la fiesta, vio a su ex novia.*

Marcador temporal + indicativo

Expresa una acción en tiempo presente o pasado:

> — *El año pasado Fermín estuvo en La Habana dos semanas dando unas conferencias.*
> — ***Mientras tanto****, su mujer estuvo en Cuernavaca impartiendo unos cursos de español.*

Marcador temporal + subjuntivo

Cuando el sujeto de las dos oraciones es distinto.

> — ***Antes de que llegue*** *Ana, terminad el informe.*
> — ***Después de que*** *termines los deberes, iremos al cine.*

Marcador temporal + indicativo → Expresa una acción en **presente** o **pasado.**
Marcador temporal + subjuntivo → Expresa una acción en **futuro.**

Marcadores que siguen esta regla:

> Cuando / cada vez que / siempre que / hasta que / mientras...

- Con indicativo:

> — ***Cuando*** *viene Juan, trae regalos para todos;* — ***Cada vez que*** *salgo de noche, regreso a casa en taxi;* — ***Siempre que*** *íbamos al cine, nos sentábamos en la última fila;* — ***Hasta que*** *no viene su mamá, no para de llorar;* — ***Mientras*** *preparas la comida, yo pongo la mesa.*

- Con subjuntivo:

> — ***Cuando*** *llegue Javier, terminaremos de hablar sobre el tema;* — ***Cada vez que*** *venga, le tendremos preparada una sorpresa;* — ***Siempre que*** *viajes a Guanajuato, alójate en el hotel de la plaza;* — *Esperaremos aquí* ***hasta que*** *llegue Manuel;* — ***Mientras*** *lleguemos a tiempo, todo saldrá bien.*

Unidad 10

1. **Oraciones causales**

Para expresar la causa, el español dispone de diferentes recursos:

1. Para preguntar por la causa de alguna cosa:

¿Por qué...?

- Es la forma más neutra, no añade ningún matiz.
  — *¿Por qué no vino Fernando a la fiesta?*
- Funciona también en las oraciones interrogativas indirectas.
  — *No comprendo por qué no vino Fernando a la fiesta.*

¿Cómo es que...? ¿Y eso?

- Expresan extrañeza o sorpresa respecto a la acción del verbo principal.
  ¿Cómo es que no vino Fernando a la fiesta?
- Solo funcionan en oraciones interrogativas directas.
  — *Fernando no vino a la fiesta.*
  — *¿Y eso?*

2. Para responder, explicar la causa, disponemos de los siguientes marcadores:

- Porque + indicativo

Es la forma más explícita y más neutra.
— ¿Por qué no vino a la fiesta Fernando?   ;   — Porque tenía trabajo en el despacho.

No porque + subjuntivo + sino porque

Se utiliza cuando la información que se expresa **no es nueva**, sino que se trata de información ya aparecida en el decurso de la conversación.
— ¿No vas a la fiesta porque te cae mal Joaquín?
— No voy no porque me caiga mal, sino porque no me gustan sus fiestas.

- Debido a (que)/A causa de (que) + indicativo

El significado de estos marcadores causales está próximo al de *porque*, pero se utilizan en un contexto más formal.
— La economía familiar está en una situación cada vez más crítica **debido al** aumento progresivo de los productos de consumo básico y al estancamiento de los salarios.
— La economía familiar está en una situación cada vez más crítica **debido a que** han aumentado progresivamente los productos de consumo básico y se han estancado los salarios.

- Es que + indicativo

Se utiliza para justificar la respuesta.
— ¿Por qué no vienes a la fiesta.
— Es que tengo que estudiar para los exámenes finales.

No es que + subjuntivo + sino que

Se utiliza cuando el hablante quiere ser más cortés en su respuesta y formula una primera justificación que no es la que quiere expresar.
— ¿No te gusta la película de Guillermo del Toro?
— A ver, no es que no me guste, sino que no es el tipo de cine que yo suelo ver.

No + indicativo + sino

Esta estructura se utiliza para corregir informaciones falsas.
— Augusto Monterroso no era mexicano sino guatemalteco.

- Por + adjetivo/sustantivo/infinitivo

La causa introducida con *por* tiene, normalmente, connotaciones negativas.
— No vino a la fiesta por despistado, se equivocó de día.
— No viene a la fiesta por su testarudez, dice que si viene Belén, él no viene.
— José Luis se puso enfermo por trabajar tanto.

- Puesto que/Ya que/Dado que/Como + indicativo

Se utilizan estos marcadores cuando la causa es conocida por el interlocutor.
— El sábado no voy a la fiesta de Ana.
— Ya que no vas a la fiesta, podrás hacer de niñera.

Los nexos **puesto que, ya que, dado que** pueden ir delante o detrás de la oración principal.
— Podrás hacer de niñera, ya que no vas a la fiesta.

Sin embargo, **como** siempre va al inicio de la frase.
— Como perdí las entradas, no pudimos ir al concierto.

Unidad 11

1. Oraciones consecutivas

* Las oraciones consecutivas expresan la consecuencia.
* Los nexos consecutivos los podemos clasificar en dos grupos:

Los que siempre se construyen con **indicativo**

* **Así que**
* **Por eso**
* **Entonces**
* **Por (lo) tanto**
* **Por consiguiente**
* **De modo/manera que**
* **En consecuencia**

— *Estuve todo el mes de vacaciones, **por eso** no estoy informado de las últimas novedades.*

— *Aún no saben qué le pasa, **de modo que** sigue hospitalizado.*

— *Son las dos y Felipe no ha llegado, **por lo tanto** empezaremos sin él.*

— *No se presentó al examen final, **así que** tendrá que presentarse en septiembre.*

Los que siempre se construyen con **subjuntivo**

* **De ahí que**

— *No saben que la reunión es mañana, **de ahí que** no vengan.*

Estos marcadores consecutivos expresan una consecuencia que el hablante considera exagerada:

* **No tan** + adjetivo + **como para que**
* **No tanto, -a, -os, -as** + sustantivo + **como para que**
* **No** + verbo + **tanto como para que**

— *La película no ha sido **tan** buena **como para que** aplaudan diez minutos.*

— *No hay **tan** poca gente **como para que** suspendan el concierto.*

— *No tiene **tanto** dinero **como para que** vaya presumiendo por ahí.*

— *No gana **tanto como para que** haga ese viaje en crucero.*

2. Oraciones finales

* Expresan la finalidad.

Para + infinitivo

* Cuando el sujeto de las dos oraciones es el mismo:
  — *Pablo y Nieves están ahorrando **para casarse**.*

* Cuando el verbo es de movimiento podemos utilizar también la preposición **a**:
  — *Vine **a verte**.*

Para que + subjuntivo

* Cuando hay dos sujetos:
  — *Van al banco **para que** les informen de las hipotecas.*
  — *Llama a Fernando **para que** te diga si viene a la fiesta.*

- Con verbos de movimiento utilizamos también *a que*:
  - *Vengo **a que** me enseñes cómo funciona esto.*

| A fin de que/Con (el) objeto de que + subjuntivo |

- Funcionan como *para que*, pero tienen un uso más formal:
  - *Convocamos la reunión del viernes **con el objeto de que** todos puedan estar informados de las últimas novedades empresariales.*

| ¿Para qué...? + indicativo |

- Las oraciones interrogativas, directas o indirectas, siempre se construyen con indicativo:
  - *¿**Para qué** te llamó el jefe?*
  - *Sabes **para qué** sirve esto.*

3. Usos de por y para

POR	PARA
Causa — *Lo expulsaron de clase **por** gritar.*	**Finalidad** — *Vinieron **para** ver el concierto.*
Localización espacial — *Cada día paseo **por** el parque.* (se refiere a un movimiento a través de un lugar)	**Localización espacial** — *Juan dice que va **para** la estación.* (indica el destino)
Localización temporal — *Quiere entregar el trabajo **por** Navidad.* (expresa un tiempo aproximado)	**Localización temporal** — *Quiere entregar el trabajo **para** Navidad.* (expresa límite de plazo)
Precio — *Compramos todos estos discos **por** $200 pesos nada más.*	**Expresar opinión** — ***Para** mí, esto es un error.*
Cambio (uno por otro) — *Yo no puedo ir a la reunión, irá Manuel **por** mí.*	**Hacer comparaciones** ▶ *Guanajuato y Aguascalientes son ciudades muy bonitas.* ▷ *Pues **para** ciudad bonita, Morelia.*
Medio — *Envié el paquete **por** mensajería.*	**Expresar la capacidad de algo** — *Es un local **para** 200 personas.*

Unidad 12

1. Antepresente de subjuntivo (Presente perfecto compuesto)

1. Forma

Se construye con el presente de subjuntivo del verbo auxiliar *haber*, más el participio pasado de los verbos.

	Presente de subjuntivo del verbo haber	Participio de los verbos con –ar	Participio de los verbos con –er, –ir
Yo	**haya**		
Tú	**hayas**		
Él/ella/usted	**haya**	habl-**ado**	com-**ido**, viv-**ido**
Nosotros/as	**hayamos**		
Ellos/ellas/ustedes	**hayan**		

Participios irregulares

–TO		–CHO
poner → **puesto**	descubrir → **descubierto**	hacer → **hecho**
volver → **vuelto**	componer → **compuesto**	decir → **dicho**
abrir → **abierto**	morir → **muerto**	deshacer → **deshecho**
escribir → **escrito**	romper → **roto**	
ver → **visto**		

2. Uso:

El antepresente de subjuntivo es un tiempo compuesto en el que el participio pasado expresa una acción anterior al momento al que se refiere el hablante:

> ▷ *¿Ya llegó Fernando?*
> ► *Sí, llegó esta mañana.*
> ▷ *Espero que haya llegado bien.*

Como vemos en el ejemplo anterior, el antepresente de subjuntivo tiene los mismos valores que el antepresente de indicativo. Así, cuando el verbo de la oración principal exija la presencia de subjuntivo en la oración subordinada, el verbo lo pondremos en antepresente.

Reaccionar ante algún suceso

Ante un suceso, el hablante puede reaccionar expresando sus sentimientos de diferentes formas: sorpresa, extrañeza, deseo, lamentación, alegría, etc. Todas estas expresiones de sentimiento tienen la misma estructura:

Expresión de sentimiento + que + subjuntivo
↓
*Me extraña / Me sorprende / Me gusta / Me alegra / Siento / Lamento /
Me indigna / Me molesta...*

¡Ojo! Cuando en la oración hay dos sujetos diferentes, usamos:
verbo de sentimiento + que + subjuntivo;
cuando el verbo es el mismo:
verbo de sentimiento + infinitivo.
— *Me gusta mucho vivir aquí.*

¡Qué + sustantivo / adjetivo / adverbio + que + subjuntivo!
↓
raro / extraño / bien / mal / sorpresa / alegría...

Me parece + sustantivo / adjetivo / adverbio + que + subjuntivo
↓
raro / extraño / mal / una tontería / increíble ...

Cuando estas expresiones están en presente de indicativo y cronológicamente su valor temporal corresponde a presente o futuro, vamos a utilizar **presente** de subjuntivo en la oración subordinada:

— *Me extraña muchísimo que Luis venga esta noche a la fiesta.*
— *Lamento que no puedan venir a la reunión.*
— *Me parece una tontería que digan una mentira como esa.*

Cuando el tiempo cronológico corresponde a un pasado reciente, vamos a utilizar **antepresente de subjuntivo** en la oración subordinada:

> — *¡Qué extraño que Lola no haya salido todavía del examen!*

> — *Lamento que no hayan visitado a la abuelita, les estaba esperando.*

> — *¡Qué raro que no haya llamado, ya son las diez!*

Ofrecer ayuda/colaboración

¿Querer que   +   subjuntivo?

> — *¿Quieres que cuelgue ese cuadro?*

> — *¿Quieren que busque los documentos que les faltan?*

Aceptar/Rechazar ayuda o colaboración

ACEPTAR	RECHAZAR
De acuerdo. *Como quieras... gracias.* *Si quieres...* *Genial, gracias, de verdad.* *Te lo agradezco en el alma.* *Te lo agradecería mucho.*	*No, gracias, de verdad.* *No, no es necesario, gracias, gracias.* *No, no hace falta, muchas gracias de todas formas.*

Expresar agradecimiento

Gracias por   +   infinitivo simple

infinitivo compuesto

El infinitivo compuesto se forma con:

Infinitivo de *haber*   +   participio pasado de los verbos

Igual que en el antepresente de indicativo y subjuntivo, el participio pasado añade un matiz de acción terminada:

> — *Gracias por venir a mi fiesta.*

> — *Gracias por haber venido mi fiesta.*

En el segundo caso queda claro que el interlocutor fue a la fiesta; en cambio, en el primero, no podemos saber si la acción se realizó o tiene aún que producirse.

Claves

Unidad 1

1.1. pierde / hacen / acotan / es / viven / revela / piensa(n) / se siente(n) / sale(n) / regresa(n) / están / buscan / regresan / hacen / vuelven / arroja /queda / coinciden / se extiende / piensa / se trata / viven / se niegan / termina / ves / se comporta / sigue / tiene / se casa / sigue / se adaptan / aprenden / se sigue.

1.2. **Verbos regulares:** vivir, acotar, revelar, regresar, buscar, arrojar, quedar, coincidir, tratarse, terminar, comportarse, casarse, adaptarse, aprender, tomar, manejar; **e>ie:** sentirse, perder, pensar, extender, negarse, sentarse; **o>ue:** poder, morir, dormir, volver; **e>i:** pedir, seguir; **u>ue:** jugar; **otros verbos irregulares:** haber, permanecer, hacer, ser, salir, estar, venir, construir, traducir, saber, poner, crecer, corregir, ver.

1.3. se encuentran / satisfacer / tener / lograr / respetar / hacen / compartimos / se enriquecen / enfrentamos / pensamos / afectan / solucionar / gastamos / ganamos / dicen / usamos.

1.4. **1.** estaba / llegó; **2.** fuimos / visitábamos; **3.** tenía / tuvo; **4.** tenía / conocí; **5.** Quería / escuché / había; **6.** hubo; **7.** Pensaba / pensé / eran; **8.** Íbamos / se ponchó; **9.** platicábamos / hicimos / pusimos; **10.** tenía / reprobó / logró.

1.5. **Pretérito:** hace tres años, el mes pasado, ayer, en 1992, el año pasado, nunca, ese día, ese año, aquella primavera, en Navidad, el jueves, hace dos horas, el día 14.

Copretérito: todos los días, frecuentemente, a menudo, siempre, nunca.

1.6. Sucedió / despedí / estaba / se acercó / pidió / podía / estaba / ofrecí / encontré / exigían / querían / preferían / pedían / enseñó / envió / dijo / pregunté / respondió.

1.7. **La imprenta:** inventó / ignoraba / existía / sabía / apareció / fue / tuvo / desapareció / tomó / se esparció / acabó / aceleró / apresuró / posibilitó. **La pólvora:** inventó / usaban / conquistaron / llegó / fue / durmió / supo / era / empezó / dio / se disolvió. **Comer fuera de casa:** surgieron / pusieron / fue / era / escribió / empezaron / se quejaba / despedía / dejaba / había / daban / había.

1.8. **1.** estaba / llamó / pude / terminó / descubrió / era / se casó; **2.** ha venido / oí / comió; **3.** vivía / gustaba / se reflejaba / olía / Viviste / Estuve; **4.** solía / hacía / gustaba / tuve / me rompí; **5.** pareció / recomendé / pensé / estaba / me sentí / conseguí / quería / gustó.

1.9. **Claudia S.:** se encontraba / sugirió / aceptó / viajó / inició / ha caracterizado, caracterizó / marcó / nació.

Cindy C.: quería / tenía / asistió / consiguió / se hizo / era / tenía / fue / introdujeron / fue.

Jaqueline de la Vega: era / modeló / alcanzó / fue / proporcionó / trajo / fue / encontró / compartió / ha significado, significó.

1.10. **Hablar:** hablaría, hablarías, hablaría, hablaríamos, hablarían; **Beber:** bebería, beberías, beberían, beberíamos, beberían; **Escribir:** escribiría, escribiríamos, escribiría, escribiríamos, escribirían.

1.11. **1.** me pondría; **2.** tendrías; **3.** saldría; **4.** podrían; **5.** diríamos; **6.** querría; **7.** harías / sabría; **8.** cabría; **9.** vendría; **10.** habría; **11.** valdría.

1.12. **1.** C; **2.** B; **3.** E; **4.** F; **5.** D; **6.** A.

1.13. **1.** Tendrías que ir a estudiar con un compañero.

2. Yo que tú pagaría la tintorería y le regalaría bombones.

3. Deberías hablar seriamente con el amigo.

4. Yo seguiría con los estudios y con la relación, pero sin casarme.

5. Yo en su lugar, cambiaría la cerradura de su casa y así no podría entrar, y le haría la vida imposible.

6. Yo en tu lugar, hablaría con mi jefe, exigiría lo que creo que me corresponde y, si no funciona, cambiaría de trabajo.

1.14. **1.** F; **2.** V; **3.** V; **4.** F; **5.** V; **6.** V.

Unidad 2

2.1. **1.** había leído; **2.** había estado; **3.** se habían marchado; **4.** habían vuelto; **5.** había amanecido; **6.** había visitado; **7.** habíamos perdido; **8.** habíamos hecho; **9.** había encontrado; **10.** se había quemado.

2.2. había regalado / preguntó / había hecho / usaba / respondió / había perdido / sabía / había dicho / buscó / había estado / había visto / intentó / fue / había vendido / había comprado / volvió / contó / había perdido / necesitaba / explicó / había vuelto / estaba / empezó / sacó / entregó / estaba.

2.3. **1.** nació; **2.** se vio; **3.** marcó; **4.** fue; **5.** tenía; **6.** era, fue; **7.** dirigió; **8.** trataba; **9.** lanzó; **10.** empezó; **11.** comenzó; **12.** volvió; **13.** tuvo; **14.** regresó.

2.4. nació / Fue / lograron / intentaron / vio / tomó / prendió / disparó / mató / felicitó / tomó / alcanzó / Murió / hicieron / han erigido.
1. Narciso Mendoza; **2.** En Cuautla, Morelos; **3.** Fue miembro de las tropas infantiles; **4.** Lo felicitó porque disparó al ejército enemigo y mató a la vanguardia; **5.** Alcanzó el grado de teniente coronel del ejército mejicano.

2.5.

```
C              A
  O            L
    M          C
    I O        A
    E   E      B
    N   S    P O R T A N T O
    T   Q      D      L
    R   U      E      L F E          P
A   A   E             I N E          O
L   S                 N E S          R
M       I             A L E          O
I         N           L   M          T
S           E             O          R
M             M           M          O
O               B         E          L
T                 A       N          A
I                   R     T          D
E                         G          O
M                         O
P O R U N L A D O
O
```

2.6. **1.** Como; **2.** es que; **3.** mientras; **4.** al cabo de; **5.** por tanto; **6.** al final; **7.** sin embargo; **8.** al mismo tiempo; **9.** en ese momento; **10.** Por un lado / por otro lado.

2.7. **1.** E; **2.** F; **3.** G; **4.** B; **5.** D; **6.** A; **7.** C.

2.8. **1.** cortar por lo sano; **2.** me vuelvo loco; **3.** está a punto de empezar; **4.** dejarse engañar; **5.** cayeron en la trampa; **6.** coger el toro por los cuernos; **7.** de un jalón.

2.9. nació / Se educó / Trabajó / residió / se integró / se formó / publicó / siguió / apareció / supuso / adquirió / tuvo / fue / debió / llevó.

2.12. **afiche** = cartel; **amplio ventanal** = ventana grande; **mañanero** = de la mañana; **ventanuco** = ventana pequeña; **brotaba** = salía; **llanto** = lágrimas; **amplia** = grande; **celeste** = azul; **cesado** = dejado; **celda** = calabozo; **camastro** = catre; **como** = más o menos; **reventado** = agotado; **altillo** = desván; **inmundo** = sucio; **de un tirón** = de un jalón.

2.13. **Celda real:** pobre, fría, oscura, solitaria, húmeda, inmunda.
Celda soñada: espaciosa, luminosa, cómoda, grande, soleada, alegre, acogedora, cálida.

2.14. **Inmundo** = limpio; **Cálido** = frío; **Abundante** = escaso, poco; **Humedad** = sequedad; **Cómodo** = incómodo; **Blando** = duro; **Decidido** = indeciso.

Unidad 3

3.1. **1.** Use / aplíquela; **2.** Mantenga; **3.** Practique; **4.** Evite; **5.** Pida; **6.** permanezca; **7.** use; **8.** coloque; **9.** inclínese / Haga; **10.** Aplíquese; **11.** Extienda / acuéstese / cruce / levante / Haga.

3.2. **1.** Sea; **2.** Vístase / lleve / Dé / rompa; **3.** se siente; **4.** se eche / mantenga; **5.** juegue / cruce; **6.** Compórtese / trate; **7.** evite; **8.** Responda / alargue / sea; **9.** mienta / modifique.

3.3. **1.** Lávatelas; **2.** Dásela; **3.** Póntelo; **4.** Pónselo; **5.** Límpialo; **6.** Riégalas; **7.** Préstaselos; **8.** Hazlas; **9.** No la veas; **10.** No se la abras; **11.** No te los comas; **12.** No la pongas; **13.** No se lo quites; **14.** No se la abras; **15.** No la utilices.

3.4. **1.** C; **2.** G; **3.** F; **4.** D; **5.** E; **6.** H; **7.** J; **8.** B; **9.** I; **10.** A; **11.** J; **12.** K.

3.5. **1.** Estoy hasta el copete; **2.** se me hace agua la boca; **3.** estoy con el agua al cuello; **4.** echarme una mano; **5.** echar de cabeza; **6.** no tiene ni pies ni cabeza; **7.** pongo a mal tiempo buena cara; **8.** habla hasta por los codos; **9.** pegar ojo; **10.** se había levantado con el pie izquierdo; **11.** Estoy atado de pies y manos; **12.** No tengo un pelo de tonto.

3.6. **1. Consejos para conseguir pareja**: ten seguridad en ti mismo/a; cuida tu aspecto; relaciónate con la gente; muéstrate tal como eres; no te obsesiones en encontrar pareja; ten una actitud positiva. **2. Consejos para ser feliz con tu pareja**: no olvides nunca su cumpleaños; evita la monotonía para mantener viva la pasión; compartan parte de su tiempo libre; mantengan su independencia; conserva a tus amigos de siempre; intenta tener una buena relación con su familia. **3. Consejos para olvidar un amor**: no le llames; haz ejercicio físico para superar el enojo; habla con tus amigos de tus sentimientos; no pienses en los buenos momentos que pasaron juntos; recuerda todos los rasgos negativos de tu ex; distráete: ve al cine, sal con gente, haz cosas para olvidar tu preocupación.

3.7. **Con la forma tú: a)** Sé / cita / ten; **b)** Adopta / Ofrece / olvídate; **c)** Evita / conviértete; **d)** Consigue / haz; **e)** Usa / preocúpate; **f)** Resuelve / evita; **g)** adopta; **h)** trata.

Con la forma usted: a) Sea / cite / tenga; **b)** Adopte / Ofrezca / olvídese; **c)** Evite / conviértase; **d)** Consiga / haga; **e)** Use / preocúpese; **f)** Resuelva / evite; **g)** adopte; **h)** trate.

3.9. **Brisa marina:** Combina / Pica / llena / Echa / añade / decora.

Negroni: Corta / llena / añade / Coloca.

Sangría Sumatra: Mezcla / pon / impregna.

Kiwi Surprise: Tritura / añade / Machaca / echa.

Ginger Fizz: Mezcla / tritura / Pon / agita / Echa / añade.

3.10. **1.** F; **2.** F; **3.** V; **4.** F; **5.** F; **6.** V; **7.** V.

3.11. **Con la forma tú: 1.** echa / frótatelas; **2.** humedece / pásala; **3.** llena / sumerge; **4.** pon; **5.** hierve / sumerge; **6.** frota / Elimina / aplica / Extiéndela / deja; **7.** pon / frota / aclárala / sécala.

Con la forma usted: 1. eche / fróteselas; **2.** humedezca / pásela; **3.** llene / sumerja; **4.** ponga; **5.** hierva / sumerja; **6.** frote / Elimine / aplique / Extiéndala / deje; **7.** ponga / frote / aclárela / séquela.

Unidad 4

4.1. **1.** se enamore; **2.** se lleve; **3.** se despierte; **4.** me convierta, me transforme; **5.** muerda; **6.** me coma; **7.** me encuentre; **8.** crezca / sea; **9.** se case; **10.** me transforme, me convierta.

4.3.
1.   L L A M E N
2.   A M A N E Z C A
3.   V U E L E N
4.   S E P A N
5.   H A Y A S
6.   D I G A S

7. E N T I E N D A
8.   C U E L G U E N
9.   P I D A M O S
10. S U E Ñ E
11.   S A L G A N
12. C I E R R E S
13.   C O N O Z C A M O S

Título de la película: "La ley del deseo".

4.4. **1.** sea / vaya; **2.** nos divirtamos / llueva; **3.** tenga; **4.** traiga; **5.** se convierta / se enamore / haya.

4.5. **1.** que vayas / compres / hacer (también, que hagas); **2.** que llame / diga / tener; **3.** que pasen / (que) tengan; **4.** que te guste.

4.6. que vayamos / que salga / que quedemos / juguemos / que hagamos / renovar / que estemos / que organicemos.

4.7. **1.** regreses; **2.** tenga; **3.** pierdas / estudies; **4.** saque; **5.** regalen / soy; **6.** vaya / mejorar; **7.** hagamos.

4.8. **1.** vivir / que viaje / disfrute; **2.** que busque / compare; **3.** tener; **4.** me compren / trabajar; **5.** que pida / que me regalen; **6.** que no te preocupes / que lo dejes / que lo vigiles.

4.10. **1.** C; **2.** D; **3.** B; **4.** E; **5.** A. Los puntos 1, 2 y 5 son intercambiables.

4.11. **1.** F; **2.** F; **3.** V; **4.** F; **5.** V; **6.** V; **7.** V; **8.** V; **9.** F.

4.12. insensible ➔ sensible; agresivo ➔ pacífico; comprensivo ➔ incomprensivo; hablador ➔ callado; detallista ➔ seco; admirado ➔ impopular; definitivo ➔ provisional; cariñoso ➔ arisco.

4.13. **Solución posible:**

Las mujeres quieren que los hombres sean más sensibles y no sean tan descuidados, necesitan que los hombres las escuchen y esperan que ellos sean más afectuosos y comprensivos. Ellas desean que se comuniquen y expresen todo el amor que ellas necesitan. También esperan que se comprometan en las relaciones y que prefieran hacer el amor y no solo sexo, y que no dejen de ver los partidos de fútbol los fines de semana.

Los hombres quieren que las mujeres no se tarden tanto en hacer las compras. También desean que las mujeres tomen la iniciativa más a menudo en el sexo.

4.14. **1.** haga / recoja / levante / salga / platicar / tener.

2. haga / lavar / ayude / realice / tenga / convierta / hacer / negociar / hacer / sean.

Unidad 5

5.1. **1.** ganará / tendrá; **2.** podré; **3.** Estará; **4.** volverán / vendrán; **5.** tendrá / tendrá; **6.** saldré.

5.3. **1.** habrá ganado / habrá sido; **2.** habrá venido / habrá podido; **3.** habrán ido / se habrán escapado; **4.** habré hecho / habrás pasado; **5.** habrán venido / habrán comido; **6.** Habrá entrado / habrá olvidado.

5.5. **1.** Empezaría: **2.** estaría; **3.** volvería; **4.** dirían / se enojarían; **5.** habría / seríamos.

5.6. **1.** Las habrás dejado, las dejarías; **2.** Estará / te vería; **3.** Le explicaría / lo habrán despedido/ habrá ido; **4.** habrá / vendrá; **5.** estará / se habrá dormido / habrá sonado.

5.7. será / Será / Habrá / será / seguirá / habrá avanzado / Habrá / estarán / volarán / podrán / seguirá / Se habrán instalado / se habrán integrado / habrá / asignará / se habrán convertido / serán / tendrán / Habrá / usarán / realizarán / estará / habrán construido / será / podrá / irán / dispondrán / estarán / podrán / continuarán.

5.8. 1. E ; 2. F ; 3. H ; 4. A ; 5. B; 6. D; 7. C; 8. G.

5.9. Probabilidad alta: creo que; seguro que; me parece que.
Probabilidad media: supongo que; me imagino que; seguramente.
Probabilidad baja: quizá; a lo mejor.

Unidad 6

6.1. 1. me vaya, me voy, me iré / llueve, llovía, lloverá; 2. esté / necesite, necesito; 3. puedan / vuelan, volarán; 4. dejen / vayas; 5. den, dan / llamen.

6.2. puede / sean / vaya / será / encontraremos / harán / estemos / obliguen.

6.5. desaparezcan / debamos, podamos / avance / permita / haya / cambiar / diseñar / alargar / dotar / cuesten / procedan / aumenten / pueda, deba / crezcan / sean / sean / lleguen.

6.6. 1. estará / habrán robado; 2. ha descubierto, habrá descubierto / sepas; 3. hará / encuentre / pueda; 4. tengamos; 5. sería / se bañaría / tendrían; 6. se habrá quedado / tendrá / pueda / quiere; 7. será / querrá / esté / se pondrá; 8. haría / ligarían / empiecen.

6.8. 1. algún / alguno; 2. alguien / algo; 3. algún / ninguna; 4. nada / algunos / ninguna / algo; 5. algunas / nadie; 6. nadie.

6.9. 1. alguien; 2. algo; 3. algún; 4. alguien; 5. algún; 6. algún / ninguno; 7. algunas, 8. nada.

6.11. **Definiciones posibles:**
Globalización: integración de sistemas económicos y culturales.
Selección natural: proceso natural por el cual la especie más fuerte sobrevive a las demás.
Estrés: estado de nerviosismo y agitación causado por un factor externo que tiene consecuencias negativas para la salud.
Trabajo a distancia: actividad laboral remunerada que se realiza para una empresa sin necesidad de acudir a ella, que se puede hacer desde casa u otro lugar.
Deterioro de la visión: pérdida progresiva de la capacidad para ver correctamente.
Sobreestimación de la propia personalidad: valoración excesiva que hacemos de nuestra forma de ser y nuestras capacidades personales.

6.12. **Soluciones posibles:**
Desarrollo ➜ atraso.
Consecuencia ➜ causa.
Acertado ➜ desacertado o erróneo.
Esclavizar ➜ liberar.
Gastar ➜ ahorrar.
Poblado ➜ despoblado o deshabitado.
Generosidad ➜ egoísmo.
Distraerse ➜ aburrirse o concentrarse.

Unidad 7

7.1. mantengan / conservemos / transmitamos / lleven / es / comprenden / se dan cuenta.

7.2. cazan / sea / está / respeten / cambie / defiendas / estamos.

7.3. Para empezar / por una parte, por un lado / por otra parte, por otro lado / Además / Respecto a / por un lado, por una parte/ por otro lado, por otra parte / puesto que, ya que / Por último / En definitiva / ya que, puesto que.

7.4. sin embargo / En primer lugar / En segundo lugar / Sin embargo / además / En cuanto a / En definitiva / por una parte / por otra parte.

7.5. **1.** vaya; **2.** están / tienes / es; **3.** es / sea / son; **4.** esté / está; **5.** sean / existen / tengan.

7.6. **1.** es / cueste; **2.** haya / viene; **3.** es / paguen; **4.** atraviesa / sea; **5.** se dediquen / deba; **6.** asuman; **7.** estudien / cueste.

7.7. **Soluciones posibles:**

    1. ▷ Creo que la falda que se compró Maribel es muy original. ¿Tú qué crees?
        ▶ Original sí que es, pero a mí me parece que le queda fatal.
        ▷ No estoy de acuerdo, yo no creo que le quede tan mal, un poco ancha tal vez sí.

    2. ▷ ¿Conoces al nuevo novio de María Fernanda? ¿Qué opinas?
        ▶ Pienso que es un muchacho muy educado y formal.
        ▷ ¿Cómo crees? Tú no lo conoces bien. Está claro que es un vándalo.

    3. ▷ No es seguro aún que podamos ir a la exposición de Diego Rivera.
        ▶ Pues es una pena, a mí me parece que es una exposición muy interesante. Tú que la has visto, ¿qué piensas?
        ▷ Siempre es interesante ir a ver una exposición de Diego Rivera.

    4. ▷ ¿Qué opinas de la fusión de ritmos musicales, como la cumbia y la música del reguetón?
        ▶ Es evidente que es una innovación, pero creo que es un error mezclar estilos tan diferentes.
        ▷ ¡Pero qué dices! No estoy de acuerdo contigo. Está claro que la música evoluciona y creo que es bueno fomentar la fusión de estilos.

7.8. **1.** Para empezar; **2.** se dé cuenta; **3.** Teniendo esto en cuenta; **4.** porque; **5.** estemos; **6.** Para terminar; **7.** propone; **8.** En definitiva; **9.** quieren.

7.10. **1.** C; **2.** D; **3.** F; **4.** E; **5.** G; **6.** B; **7.** A.

7.11. **1.** perro / gato; **2.** fiera; **3.** burro; **4.** mosquito; **5.** gatos; **6.** borrego; **7.** ostra; **8.** gallina.

Unidad 8

8.1. **1.** está / está; **2.** son / Son; **3.** es; **4.** están / son; **5.** están; **6.** son; **7.** eres; **8.** Está; **9.** están; **10.** está / es; **11.** son; **12.** es / estamos / es; **13.** es / está; **14.** están, estaban / está; **15.** Es; **16.** Está; **17.** son; **18.** Es / está.

8.2. **1.** estado temporal / estado temporal; **2.** procedencia / procedencia; **3.** identificar a una persona; **4.** descripción subjetiva / descripción física; **5.** localización en el espacio; **6.** nacionalidad; **7.** expresar cantidad; **8.** estar + gerundio; **9.** precio variable; **10.** profesión con carácter temporal / profesión; **11.** precio total; **12.** fecha / localización en el tiempo / fecha; **13.** lugar celebración evento / localización espacial; **14.** descripción subjetiva de una cosa / descripción subjetiva de una cosa; **15.** materia; **16.** estado temporal; **17.** posesión; **18.** valoración con "ser" / valoración con "estar".

8.3. **1.** estamos / estoy; **2.** es; **3.** es; **4.** estaba; **5.** es; **6.** está; **7.** está / es; **8.** Está / está; **9.** es / está; **10.** están; **11.** está; **12.** es; **13.** es / está; **14.** estaba; **15.** están; **16.** está; **17.** es.

8.4. **1.** está como un palillo; **2.** Es un codo; **3.** es un fresa; **4.** estaba como pez en el agua; **5.** es un barbero; **6.** estamos brujas; **7.** estaban como leones enjaulados; **8.** estaban rendidas; **9.** es una aguafiestas; **10.** Son uña y carne; **11.** Estoy en blanco.

8.5. **1.** donde metes; **2.** que utilizas; **3.** donde van; **4.** donde escribes; **5.** que te pones; **6.** donde viajas; **7.** donde buscas; **8.** que comes; **9.** donde viven; **10.** que sirve; **11.** donde vas; **12.** que pones.

8.6. **1.** bolsa; **2.** ratón; **3.** autopista; **4.** diario; **5.** casco; **6.** isla desierta; **7.** sección amarilla; **8.** sandía; **9.** zoológico; **10.** refrigerador; **11.** biblioteca; **12.** persiana.

8.7. **1.** que conocimos; **2.** que trate; **3.** Donde quieras; **4.** que sirva; **5.** que sirve; **6.** donde pasé; **7.** que esté; **8.** que sea / donde haya; **9.** donde vivimos; **10.** donde quieran; **11.** que atiendan; **12.** que pueda; **13.** que quiera / que tienen; **14.** donde estuvimos; **15.** que esté.

8.9. **1.** F; **2.** F; **3.** F; **4.** V; **5.** F; **6.** F; **7.** V.

8.10.

Adjetivos de descripción	Partes del cuerpo	Aseo personal
Vanidoso	Pelo	Oler bien
Rubias	Ojos	Mal aliento
Altos	Manos	Higiene
Gordos	Músculos	Cuidado personal
Bajos	Brazos	Barba afeitada
Morenos	Abdomen	Aroma limpio
Blancos	Pecho	Con pedicure
Calvo	Espalda	
Velludo	Piernas	
Flacos	Trasero	
Atractivas	Labios	
Bronceada	Estómago	
	Barba	
	Piel	

8.11. Príncipe: tenga / hable / domine / sea / pertenezca. **Fantasma:** se desplacen / puedan / den / traigan / atraviesen / muevan. **Circo:** sienta / sea / tiemble / luzca / tenga. **Jane:** sea / tenga / se oponga.

Unidad 9

9.1. **1.** te hagas / enseñes; **2.** llego; **3.** hay; **4.** vayas; **5.** sepas; **6.** miente; **7.** puedo; **8.** puedas; **9.** sobra.

9.2. **1.** crezcan; **2.** eras; **3.** abrimos / era / nevaba; **4.** ve / vea; **5.** vinimos / volvamos; **6.** llegan; **7.** regrese; **8.** llegues; **9.** podíamos / pasábamos.

9.3. **1.** tengo; **2.** irte; **3.** llamen; **4.** termine; **5.** firmen; **6.** viaja; **7.** prepara; **8.** aparecer; **9.** rodar; **10.** visitábamos; **11.** estemos.

9.4. **A.** Acción habitual: **1. B.** Acción repetida: **6, 10. C.** Acción anterior: **2. D.** Acción inmediatamente posterior: **4, 8. E.** Acción posterior: **5, 9. F.** Límite de acción: **3. G.** Acción simultánea: **7. H.** Acción futura: **11.**

9.5. **1.** C; **2.** F; **3.** H; **4.** B; **5.** G; **6.** D; **7.** I; **8.** A; **9.** E.

9.6. **1.** en cuanto; **2.** cada vez que; **3.** antes de que / mientras tanto / Después; **4.** antes de; **5.** Hasta que; **6.** después de que; **7.** Nada más; **8.** Mientras; **9.** al cabo de; **10.** más tarde.

9.7. **La Lechera:** obtenga / convertiré / venda / compraré / sean / venderé / podré / lleve / iré / se enamorarán / diré.

La Cigarra: llegaba / estaba / vio, / se rio / te des / vendrá / te reirás / llegó / sea / trabajaba.

9.8. suden / esté / se fríen / agregamos / estén / se mezclen / adquieran / estén / tengan / se enfríen.

9.10. **1.** F; **2.** F; **3.** F; **4.** V; **5.** V; **6.** V; **7.** V; **8.** F; **9.** V; **10.** V.

9.12. Soluciones posibles:

1. lo llamaré Manuel. **2.** tenga 30 años. **3.** me tomo un café. **4.** haré una gran fiesta. **5.** creía en los Reyes Magos. **6.** tenga una casa más grande. **7.** tenía 25 años. **8.** vuelvas. **9.** te veo. **10.** me pongo muy nervioso.

Unidad 10

10.1. **1.** porque; **2.** debido a / dado que, puesto que; **3.** ya que; **4.** como; **5.** por; **6.** a causa de; **7.** es que / por; **8.** Puesto que, Dado que.

10.2. **A.** 3; **B.** 2; **C.** 1; **D.** 4; **E.** 5; **F.** 2; **G.** 2; **H.** 2; **I.** 2.

10.3. **Soluciones posibles:**

1. En los últimos meses los precios han aumentado **a causa de** los cambios en el precio del petróleo.

2. **Como** está lloviendo, no podemos ir esta tarde a la playa.

3. El reciclaje se está implantando en la sociedad actual **debido a que** los gobiernos se han dado cuenta de que el medioambiente está seriamente amenazado.

4. Me parece muy mal que la gente se manifieste en contra del consumo de pieles de animales **puesto que** hay otros problemas más importantes como, por ejemplo, los niños obligados a trabajar como esclavos.

5. El conflicto entre Luis y Armando no parece tener solución **por** la intolerancia de sus posturas.

10.4. 1. No pude llamarte por teléfono, es que me quedé sin batería.

2. La recepción del embajador tuvo que ser suspendida a causa de los últimos acontecimientos internacionales.

3. Jorge se fue a vivir a Londres por motivos de trabajo.

4. Vamos a tener que cambiar la fecha de la boda porque no encontramos iglesia.

5. Voy a romper mi relación con Antonio ya que no tengo noticias suyas desde hace dos meses.

6. Los inquilinos fueron desahuciados de las viviendas dado que no pagaban la renta desde hacía meses.

7. Los trabajadores se fueron a huelga debido a que no consideraban justa la decisión de la empresa.

10.5. la pelea, la afición, la permanencia, la pertenencia, el manejo, la borrachera.

10.6. 1. Lo echaron del antro por su pelea con el mesero. 2. Empezó a tener problemas por su afición a la bebida. 3. Ese futbolista ha hecho todo lo posible por su permanencia en el mismo equipo. 4. La policía lo detuvo por su pertenencia a un grupo violento. 5. Le quitaron la licencia por su manejo peligroso. 6. Hoy le duele mucho la cabeza por la borrachera de ayer por la noche.

10.7. **Soluciones posibles:**

2. No es una película histórica, sino de ciencia ficción; 3. No se casa con la madrastra, sino con Cenicienta; 4. No se comió unas aceitunas, sino una manzana; 5. Madonna no es una cantante de ópera, sino de pop; 6. No se llamaba peso ecuatoriano, sino sucre; 7. No lo escribió Augusto Monterroso sino García Márquez; 8. No tiene frontera con Brasil, sino con Argentina; 9. No es cantante, sino una pintora mexicana; 10. No fue al bosque a buscar hongos, sino a visitar a su abuela; 11. No fueron los rusos sino los americanos; 12. No es originario de África, sino de América.

10.8. 1. No es porque no le guste, sino porque no sabe usarlo; 2. No es porque no sepa qué ponerse, sino porque no tiene tiempo; 3. No es porque quiera cambiar de trabajo, sino porque tiene madera de actriz; 4. No es porque le guste, sino porque quiere buscar trabajo en Brasil; 5. No es porque no quiera comer nada que tenga ojos, sino porque no le gusta la carne.

10.10. 1. V; 2. V; 3. V; 4. F; 5. V; 6. F.

10.11. 1. Para preservarse del ruido debido a su carácter reservado; 2. Tiene un sentido de debilidad o de traición; 3. Es sinónimo de cobardes; 4. Celoso de su intimidad, reservado, callado, incapaz de rajarse; 5. De inferioridad con respecto al hombre.

10.12. 1. No es que sea antipática, sino que es muy tímida; 2. No es que tenga sueños proféticos, sino que está preocupada. 3. No es que le guste mucho hablar, sino que es un gran contador de historias; 4. No es que no quiera salir, sino que tiene tres niños; 5. No es que sea ordenado, sino que sabe dónde buscar; 6. No es que le caiga mal, sino que vive lejos; 7. No es que no les guste el tema, sino que a esas horas tienen hambre.

10.13. distanciarse / el entendimiento / apenarse / la tardanza / la solidificación / el impedimento / la huida / el sufrimiento / brillar / el gusto.

1. tardanza; 2. se distanciaron / entendimiento; 3. impedimentos; 4. Me apena; 5. solidificación; 6. brillan; 7. La huida; 8. sufrimiento; 9. gustos.

Unidad 11

11.1. **Soluciones posibles:**
1. Ayer Josefina tenía 40 de fiebre, por eso no pudo ir a la reunión; **2.** Estudiaron poco, en consecuencia, reprobaron el examen de español; **3.** Anoche Antonio estaba borracho, por eso se cayó por las escaleras; **4.** Hoy el niño estaba jugando con el encendedor, así que se quemó los dedos; **5.** Hemos estado/Estuvimos todo el mes de vacaciones, de ahí que no sepamos nada sobre el accidente de tu primo; **6.** Cristina no soporta el humor de Ana, de modo que no viene nunca a mi casa cuando está ella; **7.** José Javier no trabaja desde enero, de ahí que tenga tantas deudas; **8.** María José rompió con su novio, por eso está muy triste; **9.** Nos gusta mucho este hotel, así que volveremos otra vez el próximo año; **10.** Felipe trabaja mucho, en consecuencia, le dio un infarto.

11.2. **1.** podemos, podremos; **2.** cierren / dejen; **3.** necesitan / pueden; **4.** decidimos; **5.** vayan; **6.** tenemos, tendremos; **7.** se quedan, se quedarán; **8.** se perdieron; **9.** viajé; **10.** estemos; **11.** vienen, vendrán; **12.** vamos, iremos; **13.** tomaré / pasaré; **14.** venda; **15.** escuchará.

11.3. **1.** mantengan; **2.** crear / se vea; **3.** me diga / me traiga; **4.** ser / disfrutar; **5.** crezcan / sean; **6.** pedirnos / bajemos; **7.** pagar / ganar; **8.** perfeccionar / conocer.

11.4. **Batidora:** limpiarla, brille; **Freidora:** purificar, se queden; **Sandwichera:** se ablanden, desaparezcan; **Yogurtera:** huelan; **Exprimidor:** adquieran; **Cafetera eléctrica:** pierda.

11.5. **1.** renovar; **2.** hablar / preguntar / que te expliquen; **3.** que arregle / trabajar; **4.** que puedan / se decidan; **5.** ayudar / que se instalen; **6.** que no me olvides / (para que) pienses; **7.** lograr; **8.** que se relajen / se olviden.

11.6. **1.** por; **2.** Para / por; **3.** por; **4.** para; **5.** para; **6.** para; **7.** por / por; **8.** por; **9.** para; **10.** por; **11.** Para; **12.** por / para; **13.** por / Para; **14.** para / por; **15.** Para / Para / por.

11.8. **1.** F; **2.** V; **3.** V; **4.** V; **5.** V; **6.** F; **7.** F.

11.9. **Soluciones posibles:**

Antónimos		Sustantivos	
1. bello	feo, horrible	la belleza, la fealdad	
2. aumentar	disminuir, reducir	el aumento, la reducción	
3. estirar	arrugar	el estiramiento, la arruga	
4. crecer	decrecer, descender	el crecimiento, el descenso	
5. exponer	ocultar	la exposición, el ocultamiento	
6. implantar	extraer, sacar	el implante, la extracción	

11.10. **1.** implantes / extracciones; **2.** fealdad / ocultar; **3.** estiramientos / arrugas; **4.** crece, aumenta / belleza; **5.** ocultaban / ocultamiento.

11.11. **Soluciones posibles:**
Cambio extremo: cambio total / nueva imagen. **Tratamientos quirúrgicos:** operaciones / cirugías. **El boom de la estética:** gran crecimiento del número de operaciones estéticas. **Sucumbir al bisturí:** decidir operarse.

Unidad 12

12.1. **1.** le molestan; **2.** les preocupa / le interesa; **3.** les encantan / les molesta; **4.** Nos sorprenden / nos decepciona; **5.** te gusta / me gusta / nos encanta; **6.** les gusta / les preocupa; **7.** les interesan.

12.2. **1.** me ha molestado; **2.** les gusta / les encanta; **3.** nos preocupaba; **4.** nos sorprendió; **5.** les indignan; **6.** te alegraba.

12.3. **1.** vaya / recoja; **2.** se vuelva / compre; **3.** sorprenda / prepare; **4.** quiera / esté; **5.** toque / salgan; **6.** se lleven / compartan; **7.** contesten; **8.** nieve / llueva / haga.

12.4.   **1.** que la gente reaccione; **2.** cambiar; **3.** madrugar / levantarme; **4.** que tengan; **5.** que los niños jueguen; **6.** que pienses / escuchar.

12.5.   vivamos / enteremos / debamos / diferencie / sean / poder / poder / antecedan / se usen / acusen / acosen / escuchen.

12.6.   **1.** la vida; **2.** el deber; **3.** la diferencia; **4.** el poder; **5.** el antecedente; **6.** el acoso; **7.** el uso; **8.** la acusación.

12.7.   **Soluciones posibles:**

   1. Estamos hartos de una vida con temor a escuchar las noticias;

   2. Estamos hartos de tener el deber de convivir con ello;

   3. Estamos hartos de que los golpes sean el antecedente de las palabras;

   4. Estamos hartos del uso de las armas contra los débiles;

   5. Estamos hartos del acoso por nuestros gustos y preferencias.

12.8.   **1.** hayas decidido; **2.** me hayas dicho; **3.** regale / los abandone; **4.** pierda; **5.** hayamos aprobado; **6.** dejen; **7.** haya pedido; **8.** se haya dado cuenta; **9.** hayan escrito; **10.** hagas / te importe; **11.** hayan llegado / haya pasado / estés; **12.** llevemos; **13.** hayamos terminado; **14.** hayas tenido / cueste.

12.9.   **1.** que Ángela y José Javier vengan / que todavía no hayan llamado; **2.** que baje / escuchar; **3.** que no hayas podido / practicar; **4.** que nos reunamos / hayan discutido / hayan tomado; **5.** que no me hayan llamado / que se hayan olvidado; **6.** que siempre pienses / que sus amigos se sientan; **7.** que te hayan gustado / cocinar; **8.** que vayamos / ver.

12.10.   leer / realicen / traten / haya regalado / sea / estudie / conozca / hayan muerto / haya tenido.

12.12.   **1.** V; **2.** F; **3.** V; **4.** V; **5.** F; **6.** F; **7.** V.

12.13.   **Soluciones posibles:**

   Publicidad de juguete: técnica para vender o promocionar un producto dirigido a los niños; **Juguetes domésticos:** juguetes que orientan a la actividades domésticas y asistenciales; **Juguetes sexistas:** juguetes que fomentan la discriminación del sexo femenino, considerado inferior al masculino; **Estereotipos sexistas:** norma fijada para cada sexo; **Juegos de dramatización:** imitación de lo que ve en su entorno.

# Nomenclatura de las formas verbales

La nomenclatura de los tiempos verbales del español ofrece variaciones según las diferentes gramáticas existentes. **Prisma Latinoamericano** sigue las directrices de la reciente **Nueva gramática de la lengua española**, 2009. En esta obra, realizada por la Real Academia Española (RAE) y la Asociación de Academias de la Lengua Española, se muestran las nomenclaturas más difundidas de los tiempos verbales del español. En este libro se trabaja con la terminología de Andrés Bello, ya que es la más influyente y extendida en México y viene recogida en la *Nueva gramática*.

A continuación, aparece un cuadro con la equivalencia de los tiempos verbales según la *Gramática* de Andrés Bello y la terminología de las obras académicas recientes: *Diccionario de la lengua española* de la Real Academia Española (DRAE) y el *Diccionario panhispánico de dudas (DPD)*.

Equivalencias de las nomenclaturas de los tiempos verbales

Andrés Bello (Gramática, 1847)	DRAE/DPD	Ejemplos
MODO INDICATIVO		
Presente	Presente	*Hablo*
Antepresente*	Pretérito perfecto compuesto	*He hablado*
Pretérito	Pretérito perfecto simple	*Hablé*
Copretérito	Pretérito imperfecto	*Hablaba*
Antecopretérito	Pretérito pluscuamperfecto	*Había hablado*
Futuro	Futuro simple	*Hablaré*
Antefuturo	Futuro compuesto	*Habré hablado*
Pospretérito	Condicional simple	*Hablaría*
Antepospretérito	Condicional compuesto	*Habría hablado*
MODO SUBJUNTIVO		
Presente	Presente	*Hable*
Antepresente*	Pretérito perfecto compuesto	*Haya hablado*
Pretérito	Pretérito imperfecto	*Hablara o hablase*
Antecopretérito	Pretérito pluscuamperfecto	*Hubiera o hubiese hablado*
MODO IMPERATIVO		
Imperativo	Imperativo	*Habla (tú)*

* Estos tiempos verbales aparecen en algunos manuales como *Presente perfecto*.